Valores em conflito
Megaprojetos, ambiente e território

LAURA CENTEMERI
JOSÉ CASTRO CALDAS
(Coordenadores)

Valores em conflito
Megaprojetos, ambiente e território

2016

VALORES EM CONFLITO
MEGAPROJETOS, AMBIENTE E TERRITÓRIO

COORDENADORES
Laura Centemeri, José Castro Caldas

REVISOR
Victor Ferreira

EDITOR
EDIÇÕES ALMEDINA, S.A.
Rua Fernandes Tomás, nºs 76, 78 e 80
3000-167 Coimbra
Tel.: 239 851 904 · Fax: 239 851 901
www.almedina.net · editora@almedina.net

DESIGN DE CAPA
FBA.

PAGINAÇÃO
EDIÇÕES ALMEDINA, S.A.

IMPRESSÃO E ACABAMENTO
PAPELMUNDE

Dezembro, 2016
DEPÓSITO LEGAL
422069/16

Os dados e as opiniões inseridos na presente publicação são da exclusiva responsabilidade do(s) seu(s) autor(es).

Toda a reprodução desta obra, por fotocópia ou outro qualquer processo, sem prévia autorização escrita do Editor, é ilícita e passível de procedimento judicial contra o infrator.

 GRUPOALMEDINA

BIBLIOTECA NACIONAL DE PORTUGAL – CATALOGAÇÃO NA PUBLICAÇÃO

VALORES EM CONFLITO

Valores em conflito : megaprojetos, ambiente
e território / coord. Laura Centemeri, José
Castro Caldas. - (CES)
ISBN 978-972-40-6815-2

I – CENTEMERI, Laura

II – CALDAS, José Maria Lemos de Castro

CDU 316

ÍNDICE

AGRADECIMENTOS   7

Introdução – MEGAPROJETOS, INCOMENSURABILIDADE E DECISÃO PÚBLICA
Laura Centemeri e José Castro Caldas   9

Capítulo 1 – A INCOMENSURABILIDADE DOS VALORES E A DECISÃO PÚBLICA
Laura Centemeri e José Castro Caldas   25

Capítulo 2 – O PROBLEMA DOS CUSTOS SOCIAIS
Vítor Neves   61

Capítulo 3 – PÔR UM PREÇO NA NATUREZA PARA A PRESERVAR? CONTRADIÇÕES, DILEMAS E CONFLITOS EM TORNO DA EXTRAÇÃO DE PETRÓLEO NO EQUADOR
Ricardo Coelho   89

Capítulo 4 – VALORES EM COLISÃO E DECISÃO PÚBLICA: O CASO DA BARRAGEM DE FOZ TUA
Ana Costa, Maria de Fátima Ferreiro, Ricardo Coelho e Vasco Gonçalves   125

Capítulo 5 – QUARENTA ANOS DE CONFLITOS EM TORNO DA EXPANSÃO DO AEROPORTO DE MALPENSA
Laura Centemeri   151

Capítulo 6 – UMA CONTROVÉRSIA INACABADA: UM AEROPORTO SEM PAÍS, O NOVO AEROPORTO DE LISBOA
Ana Raquel Matos, Tiago Santos Pereira e José Reis   189

Notas Conclusivas – A INCOMENSURABILIDADE
COMO OPORTUNIDADE
Laura Centemeri e *José Castro Caldas*   227

OS AUTORES   239

AGRADECIMENTOS

Este livro é resultado da investigação realizada no âmbito do projeto *BeCom. A escolha apesar da (in)comensurabilidade – Controvérsias e tomada de decisão pública acerca do desenvolvimento territorial sustentável*, financiado pela Fundação para a Ciência e a Tecnologia (FCT/MEC), através de fundos nacionais, e pelo FEDER, através do Programa Operacional Fatores de Competitividade COMPETE (FCOMP-01-0124-FEDER-009234). Os coordenadores agradecem os contributos dos consultores deste projeto: Clive Spash, John O'Neil e Laurent Thévenot.

INTRODUÇÃO
MEGAPROJETOS, INCOMENSURABILIDADE E DECISÃO PÚBLICA

LAURA CENTEMERI E JOSÉ CASTRO CALDAS

Grandes projetos como aeroportos, barragens, intervenções de reabilitação urbana e vias de comunicação (linhas férreas de alta velocidade, autoestradas, etc.) têm enormes impactos – económicos, financeiros e ambientais – na vida das comunidades diretamente afetadas e na organização territorial. Os megaprojetos caracterizam-se precisamente pela "perturbação" ou a "destruição criativa" schumpeteriana do território que originam (Gellert e Lynch, 2003). Os seus impactos distribuem-se normalmente de forma assimétrica, entre atores locais, assim como entre atores locais e supralocais, e, numa perspetiva global, entre atores do Norte e do Sul do mundo. O que conta como um benefício, de um dado ponto de vista, ou numa certa escala, pode ser um custo noutra perspetiva. Normalmente, os interesses e os valores envolvidos divergem e conflituam. Por isso mesmo, as decisões públicas que dizem respeito a projetos, planos e programas com efeitos significativos na economia, no território e no ambiente são sempre palcos de controvérsias públicas e, cada vez mais, de conflitos envolvendo a justiça social, económica e ambiental (Martinez--Alier, 2002).

Estas controvérsias e conflitos são invariavelmente carregados de incertezas normativas, acerca do que é importante e deve ser valorizado, e de incertezas epistémicas, acerca da natureza e da extensão das consequências da ação, em particular sobre o ambiente e a saúde. As decisões devem traduzir na prática o objetivo de desenvolvimento territorial sustentável – um princípio de ação pública que requer a composição de diferentes e frequentemente contrastantes definições de "bens comuns" (Godard, 2003). No entanto, o conceito de "desenvolvimento sustentável" não contém qualquer indicação sobre como esta composição deve ser alcançada, deixando espaço para vários arranjos dependentes do contexto e, muitas vezes, condicionados pelas relações de poder existentes entre os atores envolvidos (Allegretti, Barca e Centemeri, 2013).

De facto, planear e realizar grandes infraestruturas em sociedades em que as políticas públicas são o resultado de uma coordenação de uma pluralidade de atores complexa e multinível tornou-se uma questão política central (Altshuler e Luberoff, 2003; Flyvbjerg *et al.*, 2003). Além disso, as reformas neoliberais do setor público que têm vindo a ter lugar nos últimos vinte anos em todo o mundo, justificadas com a necessidade de reduzir a despesa pública e aumentar a sua eficiência, têm dado origem a um cada vez maior envolvimento do setor privado no financiamento, total ou parcial, da provisão de infraestruturas. As infraestruturas e os megaprojetos são, portanto, cada vez mais concebidos e realizados como oportunidades de negócio, tanto mais vantajosas quanto os custos sociais são muitas vezes subestimados e deixados a cargo do setor público.

Não é, portanto, surpreendente que desde os anos 1990, tanto nos países do Norte como do Sul do mundo, os grandes projetos infraestruturais tenham vindo a ser confrontados com crescentes oposições suscitadas principalmente pelas populações que vivem nas áreas onde estes projetos se localizam.

Partindo de uma conceptualização e representação *a priori* das infraestruturas como produtoras de benefícios generalizados e causadoras de custos geograficamente concentrados, estes protestos têm sido interpretados por cientistas sociais como uma expressão da chamada "síndroma NIMBY (*Not In My Backyard* [Não no Meu Quintal])", uma definição forjada nos EUA para enquadrar o fenómeno de coligações localizadas que se opõem sobretudo a grandes projetos infraestruturais que envolvem riscos sanitários e ambientais, como incineradores de resíduos industriais perigosos ou aterros.[1] Os protestos são explicados neste enquadramento como uma expressão de interesses individuais prejudicados pela infraestrutura. O quadro conceptual "razões egoístas *versus* interesse público", implícito no conceito NIMBY, conduz então invariavelmente à consideração de que a forma apropriada de resposta a este tipo de protestos passa por compensações monetárias e medidas redistributivas.

Esta conceção do conflito é atualmente mais cuidadosamente escrutinada pelos cientistas sociais. O NIMBY já não é considerado uma categoria analítica neutra de descrição de um fenómeno social. Trata-se antes de uma categoria que, implicitamente, desqualifica protestos locais contra projetos infraestruturais (Trom, 1999; Figueiredo e Fidélis, 2003; Della Porta e Piazza, 2008; Devine-Wright, 2009; Pellizzoni, 2011), que tem implícita uma conceção muito particular dos processos e das dinâmicas de decisão pública segundo a qual a tomada de decisão na esfera pública não é mais do que uma decorrência de escolhas pessoais guiadas por preferências individuais eventualmente conflituantes e uma barganha negocial.

A deliberação e a tomada de decisão pública em democracia – o modo como dimensões de valoração e interesses à partida conflituais se devem compor ou reconfigurar para a produção de uma escolha – é concebida de forma distinta por diferentes tradições, correntes de pensamento e autores. Isto é, também existe controvérsia quanto ao modo como as decisões públicas devem ser produzidas (Whithford, 2002).

---

[1] Ver, como exemplo de um conflito desse tipo, analisado de uma perspetiva próxima da nossa, Nunes e Matias (2003).

Neste livro, explora-se o modo como os conflitos entre valores (incomensuráveis) se manifestam nos processos de tomada de decisão pública a respeito de projetos com impactos importantes no ambiente, com um interesse particular pelos "dispositivos" (instrumentos e procedimentos) de tomada de decisão e o papel que eles desempenham nestes processos.

O modo como estes dispositivos (instrumentos e procedimentos) lidam com a incomensurabilidade e a "dificuldade moral" (Costa, 2008), assim como com a incerteza epistémica que caracteriza as questões ambientais, é analisado não como uma mera questão técnica, mas como uma dimensão crucial de que depende a qualidade democrática de todo o processo de tomada de decisão.

Assumimos, neste livro, um pressuposto normativo claro: a qualidade democrática de um processo de tomada de decisão está positivamente relacionada com a medida em que diversas "linguagens de valoração" (Martinez-Alier, 2002) do ambiente e diversos "formatos" de conhecimento (Thévenot, 2007) são efetivamente tidos em conta e incluídos como relevantes na definição dos objetivos a prosseguir coletivamente.

Ao assumirmos este pressuposto normativo, inscrevemos claramente a nossa abordagem nas tradições teóricas e intelectuais que, na filosofia, na sociologia e na economia, encaram a racionalidade não como maximização de "um" valor supostamente sobrejacente ou subjacente (seja ele "utilidade" ou "bem-estar"), mas como um processo que envolve valores, e razões de valoração, plurais e incomensuráveis.

Num enquadramento pluralista, ter de tomar uma decisão significa «ter de enfrentar [...] um conjunto de razões, ou de fundamentos para opções conflituantes que somos obrigados a julgar» (O'Neill *et al.*, 2008: 84). Consequentemente, decidir consiste em formular julgamentos com base na "prudência" (no sentido da *phronesis* grega) e não em seguir regras formais de resolução de problemas. As decisões são "feitas" com base em boas razões, não em algoritmos.

A posição normativa aqui subscrita, assim como a conceção de racionalidade que dela decorre, envolve a crítica das conceções dominantes de tomada de decisão pública e do seu "dispositivo" privilegiado – a análise custo-benefício.

A análise custo-benefício – o método de avaliação de projetos e políticas favorecido pelos economistas do ambiente de tendência neoclássica e por muitos decisores políticos – tal como definida por um dos seus mais proeminentes defensores e praticantes,

> compara os ganhos e as perdas associadas a um projeto de investimento (uma estrada, uma linha de caminho de ferro, um porto, um projeto de expansão urbana, etc.) ou a uma política, por exemplo, o estabelecimento de uma norma ambiental. Ganhos e perdas são definidos em termos de incrementos ou decréscimos de bem-estar humano [... ou utilidade] que, por sua vez são medidos do seguinte modo: a disposição dos indivíduos a pagar por um ganho ou a sua disposição a pagar para evitar uma perda ou prescindir de um benefício. (Pearce, 1998: 84)

A análise custo-benefício oferece um procedimento que permitiria incluir valores ambientais na avaliação de projetos e de políticas a par de outros valores, nomeadamente económicos, e resolver os possíveis conflitos entre uns e outros. Supostamente, a análise custo-benefício produziria resultados não ambíguos oferecendo «a possibilidade de reduzir a escolha social a uma questão de cálculo – um método através do qual qualquer pessoa, dada uma base de dados acerca das consequências de ações alternativas, pode deduzir qual das [alternativas] é a melhor» (O' Neil *et al.*, 2008: 71). Aparentemente a análise custo-benefício seria um procedimento inclusivo e imparcial de escolha que permitiria economizar no debate e no conflito. Daí decorre a sua popularidade e proeminência na tomada de decisão pública.

A análise custo-benefício é um "dispositivo" de tomada de decisão elaborado no quadro da economia do bem-estar neoclássica e com origem num "sistema de ética" – o utilitarismo de Bentham.

Bentham (1907 [1789]) defendeu que as escolhas públicas e privadas deviam ser determinadas pelo cálculo da felicidade (líquida) decorrente de cada alternativa de escolha e pela seleção da alternativa que promete a maior felicidade. Do seu ponto de vista, felicidade equivalia a prazer (e infelicidade, a dor). O valor de uma alternativa de escolha seria então dado pela diferença entre a soma de todos os prazeres por ela proporcionados ou prometidos, deduzidos da soma das dores que ela também pudesse originar. O indivíduo na sua esfera privada devia considerar as consequências da ação para si, e o mesmo indivíduo, quando no papel de decisor público, devia considerar as consequências da ação para todos os indivíduos na sociedade calculando a soma dos prazeres e das dores de todos os indivíduos envolvidos na experiência das consequências da ação.

A análise custo-benefício partilha as principais propriedades desta modalidade de utilitarismo. É consequencialista, no sentido em que faz depender a avaliação da ação apenas das suas consequências. É monista, no sentido em que considera que «existe apenas uma propriedade ou entidade dotada de valor intrínseco, valiosa em si mesma, a que todos os outros valores são redutíveis» e é orientada para o bem-estar, no sentido em que postula que «a única coisa boa em si, e não como um meio para outros bens, é a felicidade ou o bem-estar dos indivíduos» (O' Neil *et al.*, 2008: 70).

No utilitarismo de Bentham e na análise custo-benefício, o monismo implica comensurabilidade, isto é, a existência de uma métrica comum às diferentes dimensões de valoração que permite a agregação do valor de cada alternativa e a ordenação completa das alternativas de escolha. Esta métrica na análise custo benefício é monetária, o que envolve o postulado adicional de que o dinheiro pode exprimir a importância, para o decisor individual ou para a sociedade, dos diversos valores envolvidos na tomada de decisão.

Sendo dependente de uma conceção ética particular (e controversa), a análise custo-benefício dificilmente pode reivindicar um estatuto de neutralidade ou objetividade. Na realidade, o utilitarismo, longe de ser universalmente aceite, é apenas uma entre várias tradições da ética ou da filosofia moral. Por que razão haveria de ser adotado nas nossas sociedades como o único fundamento apropriado para a tomada de decisões públicas?

Além das objeções suscitadas pela sua adesão a fundamentos utilitaristas, a análise custo-benefício tem vindo a ser criticada também a partir de argumentos de outra natureza.

O primeiro argumento diz respeito às consequências distributivas dos métodos de valoração nela incorporados. Uma vez que o valor de um euro a mais ou a menos tende a ser maior para quem dispõe de pouco rendimento ou riqueza do que para quem dispõe de euros em abundância, os métodos de valoração baseados na disposição a pagar tenderiam a atribuir menor valor às preferências dos mais pobres. Além disso, as preferências de alguns dos afetados, positiva ou negativamente, pelas consequências do projeto avaliado não podem ser tidas em conta. Esse é, pelo menos, o caso das preferências dos indivíduos das gerações futuras.

O segundo argumento está relacionado com a incerteza que rodeia a revelação da disposição a pagar. O método pressupõe que a disposição a pagar individual é independente de uma expectativa relativamente ao que outros estão dispostos a pagar para preservar um dado bem. Na realidade, a disposição a pagar pela preservação de um dado bem depende sempre da expectativa que temos de outros estarem igualmente dispostos a pagar. Dispor-nos-emos a pagar o que estimamos ser a nossa devida parte, apenas sob condição de outros também o fazerem. No entanto, no contexto em que decorre a revelação da disposição a pagar individual nos estudos de custo-benefício, não há qualquer indicação que permita formar uma expectativa.

O terceiro argumento refere-se à necessidade de atribuição de um valor monetário a bens que não têm preço devido ao facto de não serem mercadorias habitualmente transacionadas no mercado. Esse é o caso da maioria dos bens ambientais. A atribuição de valor monetário a um bem pressupõe a disposição de abrir mão dele caso esse valor seja oferecido em troca. Isto é, o ato de atribuição de um valor monetário a um bem tem implícita a aceitação da sua substituição por uma compensação monetária. No entanto, essa disposição de aceitação de compensação pode não existir, sem que isso signifique uma manifestação de irracionalidade. A recusa de compensação monetária pode assim explicar a não resposta, muito frequente em estudos de custo-benefício, a perguntas que requerem a atribuição de valor monetários a bens considerados infungíveis.

O quarto argumento está relacionado com a noção de preferência incorporada no método. O método não admite a distinção das preferências do indivíduo enquanto consumidor em relação às do mesmo indivíduo como cidadão. No entanto, o desalinhamento destas preferências é muito frequente. Como consumidor, posso desejar dispor de lugar próximo para parquear um automóvel privado, mas ao mesmo tempo, se a construção do parque de estacionamento implicar o abate de árvores, posso opor-me à sua construção. As preferências enquanto cidadão são sensíveis a razões a que as de um consumidor não são.

O quinto argumento está relacionado com a qualidade da decisão. Baseando-se em preferências declaradas em questionários e na agregação silenciosa dessas preferências, a análise-custo benefício não economiza apenas na controvérsia e no conflito, economiza na própria comunicação. Assume que as preferências são subjetivas e fixas, que dispensam justificação e são imunes à crítica e às razões e argumentos de outrem. Na realidade, o método ignora que em processos comunicacionais de decisão coletiva se verifica, em primeiro lugar, que as preferências são comunicadas, nunca como meros caprichos (gostos que não se discutem), mas apoiadas em razões relacionadas não com o bem-estar pessoal, mas com o bem comum e, em segundo lugar, que a comunicação e a crítica originam processos de reconfiguração das preferências individuais. O requisito de justificação na comunicação das preferências e o potencial de reconfiguração das preferências individuais não só facilita a tomada de decisão coletiva como potencia a ação coletiva que decorre da escolha, isto é, pode melhorar a qualidade da tomada de decisão coletiva.

Em resposta a estas críticas, é muito habitual os defensores da adoção da análise custo-benefício como instrumento privilegiado de tomada de decisão pública argumentarem que sem ela a sociedade se veria privada de um instrumento racional de escolha, tornando-se presa de infindáveis controvérsias. Subestimam assim o facto de que a análise custo-benefício se limita a suprimir ou ocultar os conflitos inerentes a todas as escolhas públicas e que estes conflitos, mantidos latentes, tendem a submergir de novo sob a forma de sucessivas análises e contra-análises ou de movimentos de protesto.

Que ferramentas, instrumentos e procedimentos devem então equipar o processo de tomada de decisão pública?

Neste livro, o objetivo não é propor um modelo formal de tomada de decisão em controvérsias sociotécnicas que envolvem conflitos de valor e incomensurabilidade, mas compreender melhor o modo como os dispositivos de apoio à tomada de decisão condicionam os processos de tomada de decisão pública. O objetivo é identificar algumas características de instrumentos e procedimentos que possam contribuir para transformar a incomensurabilidade numa oportunidade para o debate democrático a respeito dos objetivos comuns e dos meios para os realizar.

O livro inclui seis capítulos. O Capítulo 1 – A incomensurabilidade dos valores e a decisão pública –, de Laura Centemeri e José Castro Caldas, estabelece o enquadramento conceptual e justifica os pressupostos subjacentes à investigação reportada neste livro. Partindo da clarificação dos conceitos de incomensurabilidade e comensuração, e dos problemas que suscitam, revisita-se neste capítulo o debate sociológico sobre a comensuração, entendida como um processo social com impacto nos modos de cognição e nos modos de exercício do poder. Desafiando as conceções que apresentam a comensurabilidade como um pré-requisito da racionalidade, neste capítulo mostra-se que fora do enquadramento da "teoria da decisão racional" existem perspetivas acerca da escolha, individual e coletiva, que sugerem a possibilidade de comparar, escolher e agir sem comensurar. Com base na investigação da sociologia pragmática, neste capítulo aborda-se, por fim, a questão dos valores, da sua pluralidade, e das consequências que daí decorrem para os processos de deliberação coletiva, nomeadamente os que envolvem megaprojetos com grandes impactos ambientais.

O Capítulo 2 – O problema dos custos sociais –, de Vítor Neves, trata dos instrumentos teóricos a que os economistas recorrem para pensar e analisar os efeitos negativos que atividades económicas benéficas para os seus promotores podem ter para terceiros, nomeadamente, destruição de outras atividades económicas, perda de qualidade de vida de segmentos da população ou a degradação do meio ambiente, da paisagem e do património.

Dominantes no instrumental teórico dos economistas são as perspetivas radicadas, por um lado, no trabalho de A. C. Pigou e, por outro, no de R. Coase. Neste capítulo, comparam-se estas abordagens, identificando as semelhanças e as diferenças e, evocando uma linha de investigação radicada no institucionalismo, subestimada pela maioria dos economistas – a de K. W. Kapp –, conclui-se da necessidade de subordinar a avaliação do desempenho da economia a objetivos sociais e não o inverso.

No Capítulo 3 – Pôr um preço na natureza para a preservar? Contradições, dilemas e conflitos em torno da extração de petróleo no Equador –, Ricardo Coelho discute a aparente contradição entre defender o uso de valores monetários para corrigir, evitar ou remediar algum dano ambiental e, simultaneamente, defender que a natureza não tem preço. Neste capítulo recorre-se à análise de casos associados à extração de petróleo no Equador – o conflito legal entre a Texaco e as vítimas da contaminação provocada por esta petrolífera, e a iniciativa Yasuní-ITT – para ilustrar a variedade de significados que os valores monetários podem assumir dependendo do contexto e do enquadramento da transação.

O autor mostra que a aparente contradição entre a recusa de pôr um preço na natureza e o uso de valores monetários para penalizar poluidores ou recompensar protetores da natureza é ultrapassada logo que são tidos em conta os vários significados sociais do dinheiro. O caso judicial contra a Texaco, por exemplo, assentou em noções de restituição e reparação, que em nada se confundem com uma transação mercantil. Já a iniciativa Yasuní-ITT, começou por assentar numa noção de recompensa que dispensa o cálculo de preços para bens e serviços ambientais, mas acabou por ser reconfigurada como uma compensação económica pelo custo de oportunidade da extração do petróleo e um pagamento por serviços ambientais.

No Capítulo 4 – Valores em colisão e decisão pública: o caso da barragem de Foz Tua –, Ana Costa, Maria de Fátima Ferreiro, Ricardo Coelho e Vasco Gonçalves analisam a controvérsia pública em torno da construção da Barragem de Foz Tua. Evidenciam os valores mobilizados pelas várias partes na controvérsia e as formas de ultrapassar os conflitos de valores a que os atores recorrem e as restrições colocadas pela máquina de decisão pública à expressão de valores particulares. Neste capítulo, mostra-se que os dispositivos de suporte à tomada de decisão pública, nomeadamente o procedimento EIA (Estudo de Impacto Ambiental), longe de constituírem uma técnica neutra em valores, tendem a incluir valores mensuráveis e quantificáveis e a negligenciar ou deixar de lado os relacionados com ligações com o ambiente e o património, descartando-os como afetivos ou emocionais. Além disso, o EIA, pelo menos na forma como foi utilizado neste caso, tende a apoiar--se numa lógica de compensação que torna improvável a rejeição de qualquer projeto. O procedimento EIA oferece na realidade um enquadramento da tomada de decisão pública de "negociação" que restringe o espaço de descoberta inteligente de possíveis composições de valores.

No Capítulo 5 – Quarenta anos de conflitos em torno da expansão do aeroporto de Malpensa –, Laura Centemeri, com base numa abordagem socio-histórica, reconstrói as controvérsias e os conflitos acerca da expansão do aeroporto de Malpensa (Itália). Esta análise enfatiza a transformação dos dispositivos de tomada de decisão desde os anos 1970, e a relação destes dispositivos com, por um lado, a evolução dos argumentos de apoio ou oposição à expansão do aeroporto e, por outro, com a emergência e institucionalização de "valores ecológicos". Este caso mostra que os objetivos sociais conflituantes em jogo na realização deste projeto infraestrutural encontraram, numa primeira fase, expressão num espaço de controvérsia sociotécnica no qual a perícia desempenha um papel crucial enquanto base para explorar, objetificar e discutir impactos, custos e benefícios. Nesta fase, a revisão do projeto permite um compromisso entre valores em conflito, que é estabilizado não só nas caraterísticas materiais do projeto, mas também num arranjo institucional em que os "testes de realidade" transformam a incomensurabilidade num motor de participação. Mas o caso de Malpensa mostra que este compromisso era frágil, já que acontecimentos externos – nomeadamente a transformação radical que o sistema político italiano conheceu nos anos 1990 – conduziram à instituição de uma "narrativa" baseada na "necessidade" de expansão do aeroporto. Contra esta narrativa, a "arma" da perícia mobilizada pelos grupos de ativistas para denunciar os custos sociais da obra resultou ineficaz. Daí decorreu a emergência de uma nova forma de oposição à expansão, desenvolvida em termos de criação do que a autora define como uma "incompatibilidade ontológica" entre o aeroporto e o seu território. Esta incompatibilidade é tornada saliente não só pela perícia ambiental que substancia os valores ambientais do território, mas também por meio de ações que reconhecem e dão visibilidade a apegos pessoais ao território e de uma narrativa sobre um outro futuro socioeconómico possível.

No Capítulo 6 – Uma controvérsia inacabada: um aeroporto sem país, o Novo Aeroporto de Lisboa –, de Ana Raquel Matos, Tiago Santos Pereira e José Reis, estuda-se um dos processos mais longos de deliberação pública em Portugal, a construção de um novo aeroporto em Lisboa. Mostram-se os principais marcos desta história, assim como os seus momentos mais críticos. É como controvérsia, e como ponto de convergência de diversos imaginários sociotécnicos, que o problema é analisado até se chegar ao ponto fulcral da discussão acerca da impossível comensurabilidade dos valores em conflito e da redução a uma métrica comum suscetível de possibilitar *trade-offs* e facilitar a decisão.

Procura-se mostrar a ampla panóplia de argumentos utilizados, desde os ambientais aos geoeconómicos, passando pelos territoriais e urbanos. Conclui-se defendendo que, em vez da análise custo-benefício, teria sido importante usar uma abordagem pluralista que assumisse a incerteza epistémica e normativa e a necessidade de compromissos técnicos e sociais em vários planos.

Por fim, nas Notas conclusivas – A incomensurabilidade como oportunidade –, sublinha-se o contraste que resulta dos estudos de caso entre as conceções "individualistas" de tomada de decisão pública e a realidade de formas plurais de valoração e de conflito. Assinalam-se dois tipos de movimentos críticos na oposição a megaprojetos – um relacionado com a qualidade da base de conhecimento que fundamenta o projeto e outro na crítica do "paradigma" de desenvolvimento implícito. Discutem-se também os requisitos desejáveis dos espaços de deliberação. A incomensurabilidade, encarada em geral como um problema – uma manifestação de irracionalidade e uma fonte de conflitos –, reemerge nas notas conclusivas como "uma fonte de oportunidade de busca coletiva", e o reconhecimento da pluralidade dos modos de valoração reemerge como um requisito da qualidade da democracia.

Referências bibliográficas
Allegretti, Giovanni; Barca, Stefania; Centemeri, Laura (2013), "Crise ecológica e novos desafios para a democracia", *Revista Crítica de Ciências Sociais*, 100, 5-10. Disponível em http://rccs.revues.org/5195
Altshuler, Alan A.; Luberoff, David E. (2003), *Mega-projects: the changing politics of urban public investment*. Washingont DC: Brookings Institution Press.
Bentham, Jeremy (1907 [1789]), *An Introduction to the Principles of Morals and Legislation*. Oxford: Clarendon Press. Disponível em http://www.econlib.org/library/Bentham/bnthPML.html
Costa, Ana (2008), *A Dificuldade da Escolha. Acção e Mudança Institucional*, tese de doutoramento. Lisboa: ISCTE.
Della Porta, Donattela; Piazza, Gianni (2008), *Le ragioni del no. Le campagne contro la TAV in Val di Susa e il Ponte sullo Stretto*. Milão: Feltrinelli.
Devine-Wright, Patrick (2009), "Rethinking NIMBYism: The Role of Place Attachment and Place Identity in Explaining Place-protective Action", *Journal of Community & Applied Social Psychology*, 19(6), 426-441. Doi: http://dx.doi.org/10.1002/casp.1004
Figueiredo, Elisabete; Fidélis, Teresa (2003), "No meu quintal, não! Contributos para uma análise dos movimentos ambientais de raiz popular em Portugal (1974-1994)", *Revista Crítica de Ciências Sociais*, 65, 151-173. Doi: http://dx.doi.org/10.4000/rccs.1187
Flyvbjerg, Bent, Bruzelius; Nils; Rothengatter, Werner (2003), *Megaprojects and risk: an anatomy of ambition*. Cambridge: Cambridge University Press.

Gellert, Paul K.; Lynch, Barbara D. (2003), "Mega-projects as displacements", *International Social Science Journal*, 55(175), 15-25. Doi: http://dx.doi.org/10.1111/1468-2451.5501009_1

Godard, Olivier (2003), "Développement durable et principes de légitimité", *Information sur les Sciences Sociales*, 42(3), 375-402. Doi: http://dx.doi.org/10.1177/05390184030423004

Martinez-Alier, Joan (2002), *The Environmentalism of the Poor. A study of ecological conflicts and valuation*. Cheltenham, UK: Elgar.

Nunes, José A.; Matias, Marisa (2003), "Controvérsia científica e conflitos ambientais em Portugal: o caso da co-incineração de resíduos industriais perigosos", *Revista Crítica de Ciências Sociais*, 65, 129-150. Doi: http://dx.doi.org/10.4000/rccs.1185

O'Neill, John; Holland, Alan; Light, Andrew (2008), *Environmental Values*. Londres: Routledge.

Pearce, David (1998), "Cost-benefit analysis and Environmental Policy", *Oxford Review of Economic Policy*, 14(4), 84-100. Doi: http://dx.doi.org/10.1093/oxrep/14.4.84

Pellizzoni, Luigi (ed.) (2011), *Conflitti ambientali. Esperti, politica, istituzioni nelle controversie ecologiche*. Bologna: il Mulino.

Thévenot, Laurent (2007), "The Plurality of Cognitive Formats and Engagements: Moving between the Familiar and the Public", *European Journal of Social Theory*, 10(3), 409-423. Doi: http://dx.doi.org/10.1177/1368431007080703

Trom, Danny (1999), "De la réfutation de l'effet Nimby considérée comme une pratique militante. Notes pour une approche pragmatique de l'activité revendicative", *Revue française de science politique*, 49(1), 31-50. Doi: http://dx.doi.org/10.3406/rfsp.1999.395353

Whithford, Josh (2002), "Pragmatism and the untenable dualism of means and ends: Why rational choice theory does not deserve paradigmatic privilege", *Theory and Society*, 31, 325-363. Doi: http://dx.doi.org/10.1023/A:1016232404279

CAPÍTULO 1
A INCOMENSURABILIDADE DOS VALORES E A DECISÃO PÚBLICA

LAURA CENTEMERI E JOSÉ CASTRO CALDAS

Introdução
"Incomensurabilidade" é um termo, ou um problema, que foi identificado e tem sido discutido em diversos campos disciplinares a partir de duas abordagens distintas.

A primeira abordagem entende a incomensurabilidade como intraduzibilidade. Quando os valores, as normas, as convenções e as práticas de um grupo são ininteligíveis para outro grupo social, separado do primeiro pela cultura ou o tempo histórico, os valores, as normas, convenções e práticas de ambos os grupos são ditas incomensuráveis. A incomensurabilidade, segundo Kuhn (1962), pode ocorrer entre paradigmas científicos, significando ausência de correspondência entre proposições de distintos paradigmas científicos. A incomensurabilidade, entendida como intraduzibilidade, é uma forma "semântica" de incomensurabilidade (D'Agostino, 2000).

A segunda, concebe a incomensurabilidade como impossibilidade, ou dificuldade, de reduzir todos os valores, ou dimensões de valoração, a uma métrica subjacente ou sobrejacente a todos eles de forma a permitir uma agregação dos múltiplos valores numa dimensão única de valoração. Esta, segundo D'Agostino (2000), é uma forma "pluralista" de incomensurabilidade.

Partimos, nesta introdução, de uma breve consideração das questões mais salientes suscitadas pela incomensurabilidade e a comensuração.

Na "teoria da decisão racional" a comensurabilidade é apresentada como um requisito da racionalidade.[1] Na ótica desta teoria a incomensurabilidade impediria as comparações entre objetos de escolha, a sua ordenação numa escala completa de preferências e, portanto, a seleção daquele que melhor as satisfaz. Consequentemente, a "teoria da decisão racional" remete a incomensurabilidade para a área residual do comportamento irracional e não se interessa pelos problemas que suscita.

No entanto, quer na forma "semântica", quer na forma "pluralista", o problema da comensurabilidade é recorrente. Na forma "semântica", pode manifestar-se num largo espectro de situações, desde o julgamento de escolhas e comportamentos pessoais, ao da validade de teoria científicas. Pessoas e grupos sociais diferentes podem avaliar e julgar os comportamentos à luz de valores distintos. O que para um é repugnante para outro pode ser apropriado. O que é, e não é, um comportamento apropriado ou moralmente correto? Qual de duas teorias científicas é superior? Na medida em que não haveria uma realidade externa fixa, independente do enquadramento conceptual de cada paradigma científico ou ético, não haveria critério para comparar as teorias por referência ao seu poder explicativo ou preditivo, ou os comportamentos por referência a um código ético.

Na forma "pluralista", o problema é não menos recorrente, seja na tomada de decisão individual, seja na coletiva. Qual dos objetos de escolha, por exemplo, bens de consumo alternativos, é preferível? Se os objetos de escolha forem avaliados à luz de múltiplos critérios, ou valores, A pode ser preferido a B num subconjunto dos

---

[1] A "teoria da decisão racional", com origem no utilitarismo de Bentham, é ainda hoje muito influente. Incorporada na corrente marginalista do pensamento económico e mais tarde na chamada economia neoclássica, foi importada por correntes da sociologia, da psicologia e de outras ciências sociais, e deu origem ao mais influente dispositivo de apoio à tomada de decisão pública – a análise custo-benefício.

critérios, B preferido a A noutro subconjunto e possivelmente indiferente num terceiro subconjunto. Se os múltiplos valores puderem ser reduzidos a um valor único, sub ou sobrejacente – seja prazer, felicidade, ou utilidade –, e uma medida deste valor for atribuída a cada critério de valoração em A e B, será possível determinar o valor de cada alternativa de escolha, agregando (somando, por exemplo) os valores de cada critério em cada uma das alternativas. Uma vez obtido o valor agregado de cada uma, A e B podem ser comparados, isto é, passa a ser possível determinar se A é preferível a B, se B é preferível a A ou se A e B são indiferentes. Contudo, se a redução a uma métrica única não for possível, isto é, se os critérios de avaliação ou valores forem incomensuráveis, A e B podem ser incomparáveis: por um lado (quanto a certos critérios), A é melhor do que B, mas, por outro lado (quanto a outros critérios), B é melhor do que A.

No caso da tomada de decisão coletiva, diferentes pessoas implicadas no processo de decisão podem valorizar aspetos diferentes das alternativas presentes para escolha ou valorizar os mesmos aspetos, mas de modo diverso. Será possível atribuir um valor agregado que exprima uma preferência social a estados sociais alternativos que se espera poderem resultar de uma decisão coletiva? Segundo Bentham, «a maior felicidade do maior número» deveria ser o critério vigente na tomada de decisão pública.[2] Aplicar este critério, para escolher entre os estados sociais A e B, requereria o conhecimento da felicidade de cada indivíduo na sociedade, no caso de A ser realizado e no caso de B prevalecer, a adição das felicidades individuais, para a determinação do valor de cada um dos estados sociais, a comparação desses estados à luz do seu valor de

---

[2] A maior felicidade total não implica necessariamente a felicidade do maior número. A discussão que se segue retém como critério apenas a soma das felicidades, ou utilidades, na sociedade e abstrai da dificuldade prática de medir estados de felicidade subjetivos.

felicidade agregada, e a seleção da que tivesse um valor de felicidade total mais elevado.

Contudo, se os critérios de valoração das diferentes pessoas não puderem ser reduzidos a uma mesma métrica ou se a felicidade de diferentes pessoas não for agregável, será impossível atribuir um valor a cada um dos estados sociais e pode ser impossível compará-los.

A incomparabilidade é um dos espectros que assombra a "teoria da decisão racional", levando-a a interdizer a incomensurabilidade e a excluí-la como instância de irracionalidade. Em face da incomparabilidade, esta teoria assume que o decisor ficaria bloqueado, incapaz de escolher e de agir, ou sujeito a impulsos "irracionais". A tomada de decisão coletiva, de acordo com a mesma teoria, com indivíduos incapazes de comunicar ou irredutíveis nas suas valorações conflituais, seria nada mais do que uma questão de poder e força bruta, não de razões e de justificações articuladas e partilhadas.

Contudo a comensurabilidade e a comensuração, postuladas pela teoria da decisão racional, não suscita dificuldades menores. O critério «da maior felicidade para o maior número» de Bentham aplicado à tomada de decisão coletiva assume a comensurabilidade interpessoal, isto é, a possibilidade de agregar a felicidade ou a utilidade de diferentes indivíduos e a legitimidade de *trade-offs* interpessoais. Se a soma das utilidades para o estado social A e B for idêntica, com um grupo muito feliz e outro muito infeliz a respeito de A, com a situação inversa no estado social B, o quadro conceptual de Bentham conduz à conclusão de que existe na sociedade indiferença entre os estados sociais A e B. Contudo, pode acontecer que aqueles que ficam menos felizes com uma das alternativas sejam os mesmos que há partida já se encontram mais privados de felicidade. A indiferença, neste caso, envolve insensibilidade à injustiça – indiferença moral. O critério de Bentham é efetivamente insensível à injustiça distributiva.

A indiferença moral pode também ocorrer como um problema no quadro da tomada de decisão individual. Isso acontece, por exemplo, se as alternativas A e B tiverem o mesmo nível de utilidade, com a alternativa A especialmente valorada no critério 1 (V1) e a alternativa B especialmente valiosa do ponto de vista do critério 2 (V2). Comparando A e B na linguagem do utilitarismo, diríamos que o alto V2 da alternativa B "compensa" o seu baixo V1, tornando-a tão boa como A. Um *trade-off* entre V1 e V2 é desta forma assumido, como se estes critérios ou valores fossem mercadorias, por exemplo, itens de um cabaz de compras. No caso do cabaz de compras, a comensurabilidade não parece problemática. No entanto, V1 e V2 podem também ser bens cujo valor reside precisamente no facto de não serem objetos de comércio. A incomensurabilidade pode ser "constitutiva" do valor desses bens (Raz, 1986) ou, utilizando outras palavras, a "indiferença moral" pode delapidar o seu valor. Este é o caso, muito citado, da amizade, do amor e da vida humana. Constitutivo do valor da amizade e do amor, por exemplo, é o facto de não serem passíveis de troca por outros bens, nomeadamente dinheiro, sob pena de se transformarem em outra coisa que não amizade ou amor. Isto sugere que, em geral, no quadro da comensuração universal, não haveria lugar para qualquer comprometimento ético. Aqui reside o maior problema da comensuração.

É muitas vezes objetado que compensações envolvendo, por exemplo, valorações monetárias da vida humana ocorrem frequentemente nos tribunais (Radin, 1993). De acordo com esta objeção, este facto provaria a disseminação da comensuração na sociedade e a sua bem estabelecida legitimidade. Contudo, a compensação como uma reparação *ex-post* de um dano, tal como os tribunais a praticam, tem poucas semelhanças com uma compensação como *trade-off ex-ante* que legitimasse ações que põem em causa valores importantes ou o bem de outrem.

Esta nota acerca da relação entre comensuração e compensação leva-nos à importância de tentar compreender os modos, os momentos e as razões da comensuração no mundo real. De facto, a comensuração, independentemente dos seus problemas, é uma operação cognitiva fundamental no mundo moderno em que vivemos. Este é o aspeto da comensuração que pode ser investigado a partir de um ponto de vista sociológico.

1. O debate sociológico sobre a comensuração "como processo social"

Em paralelo ao debate filosófico acerca da comensuração e da incomensurabilidade, particularmente intenso na década de 1990, desenvolveu-se a investigação sociológica acerca da comensuração como *processo social*.

A contribuição sociológica entende a comensuração como um processo socio-histórico que envolve a transformação ativa do mundo material envolvente com impacto importante quer no "pensamento social" (ou modos de cognição), quer nos modos de exercício do poder. Esta literatura sociológica aponta desta forma para a proliferação crescente de *tecnologias de comensuração* no nosso mundo. Aponta também para a relevância da comensuração na evolução da política e da economia modernas.

Como definir então uma operação de comensuração? Para Espeland e Stevens (1998: 314) estas operações podem ser vistas como uma «transformação de diferentes qualidades numa métrica comum». Para Desrosières (1990), a comensuração significa a criação de um "espaço de equivalência", isto é, um espaço em que diferentes coisas podem ser vistas "em conjunto", como expressões de um mesmo valor, e depois ordenadas (com ou sem expressão cardinal do seu valor).

Para assinalar os principais tópicos do debate sociológico sobre a comensuração, seguimos o argumento elaborado por Espeland e Stevens (1998) no artigo seminal acerca da "Comensuração como Processo Social". A comensuração é estudada na sociologia como uma operação cognitiva desempenhada por atores no mundo real, apoiada por instrumentos e ferramentas adequadas, isto é, como uma "formatação" adequada e ativa do mundo material por via da institucionalização. «À medida que a comensuração se vai incorporando nas organizações práticas de trabalho e recursos, vai sendo cada vez mais assumida e constitutiva do que é medido» (Espeland e Stevens, 1998: 329).

Neste sentido, a comensuração foi uma das principais preocupações de autores como Karl Marx, Max Weber e George Simmel, todos eles interessados, embora de modo diferente, em compreender as características da modernidade capitalista. Se Marx aponta para o "trabalho abstrato" como "grande comensurador", produtor de valor indiferenciado, Weber sublinha a importância da "contabilidade" na racionalização das relações de negócio, despersonalizando-as. A comensuração é deste modo relacionada com a despersonalização e a objetificação, vistas por Weber como promotoras da racionalidade formal contra sistemas de ética tradicionais, baseados em laços pessoais. Já a contribuição de Simmel está focada no poder "performativo" dos instrumentos de comensuração, especialmente do dinheiro, isto é, na sua capacidade de modificar os nossos modos de avaliar e compreender a realidade que nos envolve.

A investigação sociológica sobre a comensuração sublinha as lógicas da comensuração, historicamente construídas como instrumentos, ferramentas e categorias que dão forma às instituições e organizações, e os modos como têm progressivamente transformado a nossa realidade. A comensuração «reconstrói as relações de autoridade, cria novas entidades políticas e estabelece novos enquadramentos interpretativos» (Espeland e Stevens, 1998: 323).

Neste sentido, a principal preocupação do estudo sociológico da comensuração é explorar a relação existente no mundo moderno, entre comensuração (como operação cognitiva) e "poder". A relação entre comensuração e poder é considerada quer em termos das capacidades (individuais e coletivas) que a comensuração pode expandir (comensuração "emancipatória"), quer em termos da opressão (ou mesmo erradicação) de aspetos relevantes da experiência humana que a comensuração pode envolver (comensuração "disciplinadora").

O impacto social da comensuração é ambíguo. A comensuração, ao permitir ultrapassar distâncias geográficas e culturais, é crucial para assegurar a possibilidade de uma ampla coordenação. A comensuração permite detetar "regularidades" que são fundamentais, como Porter (1995) assinalou, para a existência da "sociedade" enquanto dimensão específica da vida humana e é crucial para "desocultar" desigualdades, injustiças e discriminações no mundo social através da produção de conhecimento "sólido" (quantificado, certificado) que pode constranger o poder. A comensuração pode ser considerada uma "técnica de inclusão", uma vez que permite que uma ampla variedade de experiências humanas seja tida simultaneamente em consideração como preferências tendentes a opiniões no espaço público liberal (Espeland e Stevens, 1998: 330). Neste sentido, «a expansão da comensuração pode ser uma resposta política à exclusão ou à desigualdade» (Espeland e Stevens, 1998: 314).

No entanto, se a comensuração pode revelar regularidades que de outro modo permaneceriam ocultas e, por conseguinte, desocultar injustiças sociais, a possibilidade desta operação crítica está relacionada com a redução prévia da experiência humana e do mundo material envolvente às dimensões que são relevantes do ponto de vista do critério específico de valoração em que a comensuração se baseia. Para comensurar, são necessários "investimentos na forma", isto é, uma formatação da experiência humana e do mundo material que dê existência a objetos de conhecimento sólidos que os descrevam e em que possam assentar modos de coordenação (Thévenot, 1984; Centemeri, 2012). Esta redução implica o silenciamento de aspetos relevantes da vida humana.

O facto de a comensuração ter sido tradicionalmente associada à racionalidade dota as tecnologias de comensuração de um alto grau de legitimidade num mundo – o mundo moderno – em que a descrição se tornou cada vez mais suspeita e o conhecimento local se tornou desadequado para apoiar formas de coordenação baseadas no anonimato e na distância (Porter, 1995). A comensuração sustenta «a pretensão de que os factos e os valores podem ser separados, a política tornada técnica» (Espeland e Stevens, 1998: 330).

Como são então compreendidos nesta abordagem os problemas da incomensurabilidade?

A literatura sociológica aborda a incomensurabilidade principalmente em termos culturais, simbólicos, como um modo de construir fronteiras com o objetivo de proteger aspetos da experiência humana e do mundo envolvente da lógica igualizadora da comensuração. Neste sentido, é possível estabelecer uma relação entre a incomensurabilidade e o sagrado.

A incomensurabilidade está relacionada nesta literatura com a necessidade de preservar dimensões de "unicidade" e de "singularidade". Face à perceção de que a comensuração está a invadir progressivamente todas as diferentes esferas da vida, a incomensurabilidade é encarada como um modo de resistência a esta transformação cultural. Alegações de incomensurabilidade são proferidas quando diferentes modos de valoração se sobrepõem e conflituam nas fronteiras de esferas institucionais. Estas fronteiras são protegidas porque a comensuração tem um "poder constitutivo" que transforma a realidade por ela invadida: as entidades criadas pela comensuração influenciam o comportamento das pessoas.

Contudo, a incomensurabilidade também pode ter um poder "constitutivo". Dando eco à ideia de "incomensurabilidade constitutiva", tal como definida por Raz (1986), a literatura sociológica evoca a relação existente entre incomensurabilidade e identidade, ao entender que «as categorias incomensuráveis são importantes para definir o modo de "ser"» (Espeland e Stevens, 1998: 327). De acordo com esta perspetiva, as fronteiras simbólicas que a incomensurabilidade (incorporada em argumentos, práticas, instituições) cria teriam como propósito preservar os valores fundamentais para a pessoa, a identidade e relações profundamente enraizadas naquilo que somos.

Na literatura sociológica, a incomensurabilidade também é, por vezes, entendida como uma estratégia negocial, isto é, como um modo de obter um melhor preço durante negociações. Neste sentido, a incomensurabilidade seria um instrumento de retórica puramente artificial. Distinguir o "constitutivo" do "estratégico" nos casos em que a incomensurabilidade é evocada é considerado crucial na investigação empírica deste tópico.

A abordagem sociológica à comensuração e à incomensurabilidade que encrusta estas noções em contextos sociais e políticos é importante, uma vez que mostra o papel crucial dos dispositivos que asseguram a comensuração nos projetos contemporâneos de governação. Seguindo D'Agostino, a questão fundamental é saber «em que circunstâncias, com que dispositivos, quer intelectuais, quer práticos» (2003: x) são empreendidos os projetos de comensuração e que resistência têm de enfrentar.

Há dois pontos desta abordagem que merecem particular atenção. O primeiro diz respeito à razão pela qual a comensuração enfrenta resistência. Segundo Lukes (1997: 185), exprimir diferentes coisas com o mesmo critério de valoração, permitindo que sejam ordenadas, pode algumas vezes ser desprovido de significado, irrelevante ou inapropriado. Neste caso, há lugar para o argumento de incomensurabilidade. Para Desrosières (1992), a impossibilidade de comensurar pode ser técnica (em termos de «não consigo comensurar») ou moral (em termos de «não deve ser comensurado»). No primeiro caso, a resistência teria como base a própria natureza dos fenómenos que gostaríamos de enquadrar com o mesmo critério de valoração para os comensurar; no segundo caso, estaríamos confrontados com uma fronteira "cultural" à comensuração. A segunda interpretação da incomensurabilidade implica que

> a importância das categorias incomensuráveis variará, em parte porque o significado desta fronteira simbólica varia. A sua saliência depende de quão apaixonados nos sentimos acerca delas, da sua centralidade na definição dos nossos papéis e identidades, e de quanto esforço é requerido para romper com essa definição. A sua importância depende também, como diria Simmel, do *status* relativo da sua forma oposicional, a comensuração. (Espeland e Stevens, 1998: 327)

Esta perspetiva, em que o trabalho de construção de fronteiras é fundamental para compreender a incomensurabilidade, corre um risco de excesso de relativismo e decorre de uma abordagem em que a questão da natureza dos valores, como discutiremos em mais detalhe nas secções seguintes, não é tratada de forma apropriada. Também a identidade é considerada como uma construção cultural, o que significa que, por exemplo, para

> os residentes Yavapai, cujo território ancestral era ameaçado pelo projeto de uma barragem, a terra era um incomensurável constitutivo. Os Yavapai entendiam-se a si próprios em relação com este território específico. Valorar a terra como um incomensurável estava relacionado de perto com o que significa ser Yavapai. (Espeland e Stevens, 1998: 327)

Neste quadro, o que é considerado "constitutivo" de uma identidade (e, portanto, incomensurável) parece ser específico de uma cultura.

Um terceiro cenário seria o da alegação da impossibilidade de comensurar como instrumento estratégico numa negociação. De acordo com esta interpretação, ao que é definido como incomensurável seria atribuído um peso maior e não um *status* especial (Lukes, 1997: 186).

Se considerarmos a resistência à comensuração como expressão de uma fronteira cultural – de uma construção socio-histórica – ou como uma estratégia, assumimos que a incomensurabilidade é largamente dependente da cultura e está relacionada com a necessidade de contrastar a comensuração. Resistir à comensuração implica recorrer a alegações de incomensurabilidade: «acreditar na incomensurabilidade é um modo de limitar o que pode ser racionalmente escolhido e isto pode ser uma relação social importante» (Espeland e Stevens, 1998: 328).

Nesta literatura, é assumido que comensurar é uma questão chave da política moderna, entendida como arte de negociação entre interesses. Neste sentido, todo o debate parece assentar no pressuposto de que a escolha (racional) é necessariamente uma questão de comensuração. A incomensurabilidade é vista como estando relacionada com "convicções", crenças ou valorações subjetivas que obstaculizam a racionalidade – o que pode ser considerado negativa ou positivamente. Segundo esta abordagem, as convicções de incomensurabilidade são muitas vezes o último recurso contra o poder invasivo de cada vez mais esferas da vida humana por tecnologias de comensuração que denotam a expansão dos mercados económicos na regulação das nossas vidas.

Mas será a comensuração realmente indispensável para a decisão racional?

De facto, uma das saídas para os dilemas da incomensurabilidade e da comensuração consiste em desafiar o pressuposto da teoria da escolha racional de que a incomensurabilidade exclui a comparabilidade e, portanto, a escolha racional. Na verdade, mesmo no enquadramento da escolha racional, incomensurabilidade não implica incomparabilidade.[3]

---

[3] As alternativas de escolha A e B podem ser avaliadas à luz de critérios múltiplos e incomensuráveis e, ainda assim, serem comparáveis. Se A é pelo menos tão bom como B em todos os critérios e estritamente melhor que B pelo menos num, pode

Além disso, fora do enquadramento da teoria da decisão racional, existem perspetivas acerca da escolha, individual e coletiva, que sugerem a possibilidade de comparar, escolher e agir, sem comensurar. Estas perspetivas representam a tomada de decisão como um processo de *deliberação*.

2. Das conceções individualistas de tomada de decisão à deliberação

Apesar da sua variabilidade, as noções de deliberação são construídas, em geral, em oposição ao que se designa por conceções individualistas de tomada de decisão coletiva. O principal ponto de dissenso diz respeito à natureza das "preferências", mas há outras dimensões relevantes que contribuem para diferenciar estas duas posições, nomeadamente, a separação meios-fins, a comensurabilidade e o papel da comunicação na tomada de decisão coletiva.

A principal característica das conceções individualistas reside no facto de as preferências serem tomadas como "dadas", ou até "fixas", o que muitas vezes é entendido como significando que as preferências, como as paixões humanas, se situam para lá do âmbito da razão. A abordagem das preferências fixas envolve toda uma conceção da tomada de decisão. Tomar as preferências como "dadas", ou "fixas", implica que em processos de tomada de decisão, sejam eles individuais ou coletivos, os fins da ação estão definidos

---

dizer-se que A é melhor que B. Este é o critério de dominância de Pareto. Mas, mesmo na ausência de dominância, se o decisor ordenar os critérios de forma hierárquica, dando precedência às alternativas de escolha que se situam no topo da ordenação respeitante ao critério mais importante e utilizar os restantes critérios para resolver empates, o decisor poderá comparar e ordenar todas as alternativas de escolha. Este é o chamado critério lexicográfico. Pode, no entanto, objetar-se que este critério atribui um poder indevido a uma única dimensão de avaliação, operando não uma comensuração, mas uma redução semelhante de todos os valores a um único valor.

à partida, assim permanecendo ao longo do processo de deliberação. Em consequência, o que há a escolher no processo de decisão são os melhores meios para atingir os fins dados. Além disso, as conceções individualistas tendem a assumir a comensurabilidade. Para o indivíduo, isto significa que todos os valores presentes na escolha podem ser reduzidos a uma mesma escala ("utilidade") e trocados uns pelos outros. Para o coletivo, implica que as "utilidades" individuais podem ser agregadas e que face a uma deslocação do estado social A para o estado social B as perdas de utilidade dos apoiantes de A podem ser compensadas pelos ganhos dos que preferem B.

A perspetiva deliberativa é oposta à anterior ao postular que as preferências (gostos, valores, fins) podem ser reconfiguradas e transformadas no processo deliberativo. A deliberação refere-se tanto à «descoberta do que realmente queremos» como «ao que devemos fazer para obter aquilo que queremos». Isto aplica-se tanto à deliberação individual como à deliberação coletiva. A deliberação é, portanto, não a mera seleção dos melhores meios. Os meios e os fins não estão claramente separados.

Segundo Dewey, há um uso estreito da razão que «mantém fixos os fins-em-vista e delibera apenas sobre os meios para os alcançar», e um uso amplo da razão que «toma o fim-em-vista como provisório e permite, senão mesmo encoraja, a consideração das consequências que o transformarão, criando um novo propósito e um novo plano de ação» (1930 [1922]: 215). Os fins-em-vista emergem da deliberação, não estão previamente definidos nem são fixos. Ou, como escreve Joas: «os objetivos da ação, normalmente relativamente mal definidos, só se tornam mais específicos em consequência da decisão de utilizar meios particulares» (1996: 154). Os objetivos da ação não estão desligados do contexto em que a ação decorre e dos meios de ação disponíveis. Na deliberação, existe uma reciprocidade de meios e fins, uma «interação entre a escolha de meios e a definição de objetivos». A consideração dos meios não só permite a especificação dos fins como a possível emergência de novos fins: «Só quando reconhecemos que certos meios estão à nossa disposição podemos descobrir fins que não nos tinham ocorrido anteriormente. Desta forma, os meios não só especificam os objetivos, como expandem o âmbito de possibilidades de estabelecimento de fins» (Joas, 1996: 154).

Além de rejeitar a ideia de fins dados e de separação meios--fins, Dewey, e muitos depois dele, nega também o pressuposto da existência de um fim último, comensurador das várias tendências conflituais em operação no contexto da escolha e da ação. A visão da deliberação de Dewey não impõe a comensurabilidade dos valores como precondição da racionalidade. A escolha é racional quando é produto de um processo em que as várias razões que justificam a escolha são reunidas, mas não necessariamente amalgamadas numa única dimensão. Justificar a escolha corresponde ao modo como os valores são coordenados, revelando uma alternativa que deve ser selecionada. Isto não requer a determinação da escolha por uma combinação específica de valores resultante da redução de todos os valores a um valor comensurador ou a presença de uma razão mais forte ou melhor do que todas as outras.

A deliberação coletiva pode ser concebida em oposição a conceções individualistas de tomada de decisão coletiva a partir de quatro dimensões: fixidez das preferências, separação meios-fins, comensurabilidade e comunicação (ver Figura 1-1).

FIGURA 1-1:
Deliberação *vs.* decisão coletiva individualista

```
Deliberação:
Preferências abertas
Reciprocidade meios-fins
Não-comensuração
Comunicação
```

⇅

```
Decisão coletiva individualista:
Preferências dadas
Separação meios-fins
Comensurabilidade
Silêncio
```

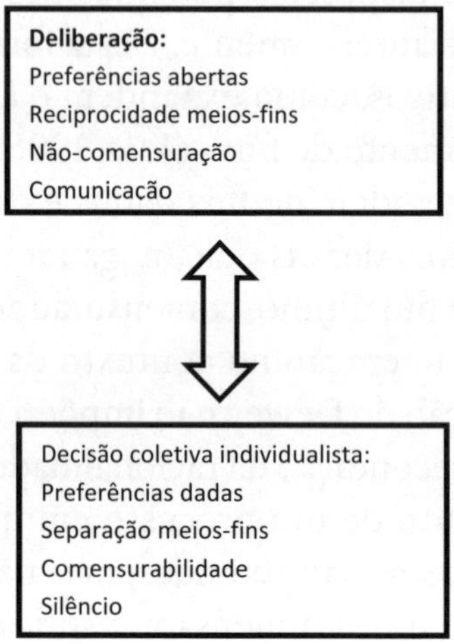

Existe contudo uma quinta dimensão da deliberação – a orientação da ação – que, uma vez tomada em conta, permite uma descrição mais rica da tomada de decisão coletiva e da deliberação.

A orientação da ação refere-se ao significado prático do resultado do processo de deliberação. Num extremo, situam-se exercícios em que os indivíduos que neles participam são transportados para situações em que a sua opinião ou valoração terá poucas ou nenhumas consequências em termos de decisão final (referimo-nos a este caso como *desprendimento*). No outro extremo, há situações em que os indivíduos contribuem para escolhas coletivas que têm consequências reais para eles próprios e para outros (referimo-nos a este caso como *implicação*).

Inserindo um eixo de orientação da ação na Figura 1-1 (ver Figura 1-2), fazemos emergir um quadro de classificação.

O lugar da deliberação neste quadro é claro. A par das preferências abertas, da reciprocidade de meios e fins, da não comensuração e da comunicação, a deliberação também pressupõe implicação. A deliberação é «um ensaio dramático (na imaginação) de várias linhas de ação competitivas» (Dewey, 1930 [1922]: 190). As consequências de cada curso de ação alternativo ocorrem no futuro e só podem ser experimentadas em imaginação. No entanto, essas são consequências que serão experimentadas quer pelo decisor, quer pelos outros. O decisor individual sabe que as suas escolhas e ações desencadearão consequências no mundo em que irá agir e no seu próprio caráter. Segundo Dewey, a deliberação envolve uma reflexão acerca de questões como: «que espécie de mundo resultará», «em que espécie de pessoa nos tornaremos, que espécie de si resultará» (Dewey, 1930 [1922]: 217).

No quadro classificatório da Figura 1-2, existem, além do quadrante da deliberação, mais três posições. Num deles encontramos a escolha social tal como é entendida na economia neoclássica, nomeadamente por Arrow: «Numa democracia capitalista, existem essencialmente dois métodos pelos quais as escolhas sociais podem ser feitas: o voto, o que tipicamente é utilizado para tomar decisões políticas, e o mecanismo de mercado, tipicamente usado para tomar decisões económicas» (Arrow, 1951: 1).

FIGURA 1-2

Um quadro de classificação

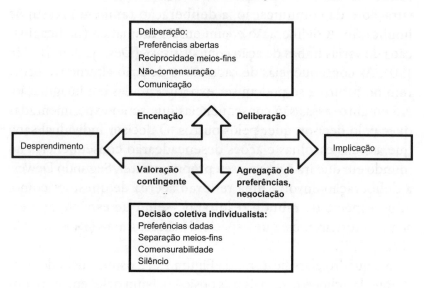

Segundo Arrow, o voto é simplesmente «um método para amalgamar os gostos de muitos indivíduos na realização de escolhas sociais» (1951: 2). No entanto, como ele próprio demonstra, num enquadramento em que as preferências individuais são fixas, não existe nenhum procedimento de votação de que resultem sempre ordenações de preferências consistentes. O voto é, portanto, um mecanismo de aglomeração problemático: uma vez que a consistência, na opinião de Arrow, é um requisito da racionalidade, o seu veredito quanto à racionalidade da democracia é severo: «os únicos métodos para passar de gostos individuais para preferências sociais [consistentes] [...] ou são impostos ou ditatoriais» (Arrow, 1951: 59). A via da agregação de gostos pelo voto parece estar deste modo bloqueada, restando neste quadrante o mecanismo de mercado.

O mecanismo de mercado como método de escolha coletiva foi explorado por Coase (1960). Coase defendeu que, caso não existissem "custos de transação", as deslocações de A para B na sociedade podiam ser conseguidas por contratos privados em que os beneficiários da deslocação compensassem os perdedores. A escolha social equivaleria neste quadro a uma negociação multilateral na sociedade, baseada num mero encontro de preços de oferta e de procura, que poderia dispensar a comunicação.

O quadrante onde se situa a agregação de preferências e a negociação é portanto povoado por "agentes" que estão implicados no processo de tomada de decisão, mas permanecem silenciosos, votando no anonimato ou transmitindo informação a um "comissário de preços".

Outros mecanismos de tomada de decisão pública envolvem um maior desprendimento. Encontramo-los nos outros dois quadrantes.

Consideremos a valoração contingente. A análise custo-benefício, tomada por alguns como o critério racional para tomar decisões na esfera pública, confronta-se frequentemente com a necessidade de imputar valor a bens que não são objeto de comércio no mercado e não têm preço. Recorre, nessa circunstância, a métodos de valoração – valoração contingente – que encenam mercados hipotéticos. Tipicamente, na valoração contingente, é pedido às pessoas que declarem o preço que estariam dispostas a pagar para preservar um bem ou que aceitariam receber para o ceder. As pessoas não estão a "revelar uma preferência", oferecendo dinheiro por um bem que efetivamente vão consumir, ou tencionam consumir, são simplesmente colocadas em imaginação num mercado hipotético. As pessoas neste quadrante são tão silenciosas como as do segundo quadrante. Além disso são desprendidas, isto é, é-lhes pedido que tomem decisões a respeito de situações que não têm implicações claras em termos de consequências e ações.

No quadrante que resta, encontram-se pessoas igualmente desprendidas a quem se pede um exercício de tomada de decisão sem impacto direto na ação individual e coletiva. Neste caso, as pessoas são envolvidas numa encenação deliberativa que deve resultar na definição de uma posição comum a respeito do objeto de discussão/decisão, mas sem implicações claras em termos de consequências. A natureza ficcional deste exercício deliberativo faz com que seja difícil tomar as preocupações morais expressas na encenação como argumentos legítimos no quadro mais estruturado, mais orientado para a ação, do fórum deliberativo.

3. Compreender as linguagens de valoração conflituantes a partir da sociologia pragmática

O pragmatismo de Dewey ajuda a reenquadrar o processo de tomada de decisão como um processo em que a incomensurabilidade cria uma dinâmica de exploração coletiva de fins desejáveis plurais e de meios para os realizar. Contudo, estamos ainda confrontados com o modo de conceber os "valores" e de investigar a pluralidade dos modos de valoração.[4] Além disso, a pluralidade de "linguagens de valoração" continua a ser uma possível fonte de exclusão e conflito na deliberação.

A questão da valoração, na sua relação com a ação (e as linguagens), é crucial na abordagem sociológica desenvolvida em França por Luc Boltanski e Laurent Thévenot, designada "sociologia pragmática" ou "sociologia das capacidades críticas". A sociologia das capacidades críticas é uma abordagem teórica que emergiu em França na década de 1980 como desafio à "sociologia crítica" de

---

[4] Segundo Joas, a questão da génese dos valores tem sido muito negligenciada desde a década de 1940, embora tenha sido particularmente discutida entre o fim do século XIX e o fim da década de 1930 (Joas, 2000). Para Joas, compreender o que são os valores, tornou-se uma questão chave a partir do momento em que as explicações funcionalistas ou deterministas revelaram os seus limites.

Pierre Bourdieu e que progressivamente foi obtendo uma ressonância internacional, tendo-se tornado uma referência chave no debate europeu.[5]

Esta abordagem não é diretamente inspirada pelo pragmatismo, já que nem Boltanski nem Thévenot foram influenciados por leituras de autores pragmatistas que foram "redescobertos" em França a partir do fim da década de 1990.[6] Contudo, é possível detetar uma influência pragmatista indireta a partir do importante papel desempenhado por Bruno Latour no desenvolvimento desta sociologia, especialmente a respeito do conceito de "teste de realidade" (Guggenheim e Potthast, 2012).

Numa deslocação semelhante à promovida pelo pragmatismo de Dewey (Bidet, Quéré e Truc, 2011), a variedade de modos de valoração é considerada na sociologia pragmática em relação com a própria dinâmica que explica a variedade observável na ação humana. A valoração é de facto entendida como resultado de um julgamento avaliativo através do qual os agentes enquadram uma dada situação tendo em vista o desempenho "da ação apropriada" (Thévenot, 1990; Boltanski e Thévenot, 2006: 349). Este julgamento orienta o modo como estabelecem uma relação de "implicação" (*engagement*) e de coordenação com o ambiente envolvente e resulta em atribuições de valor a seres humanos e não-humanos. A ação é desta forma entendida na sociologia pragmática como implicação e coordenação com o ambiente: a coordenação é possível se os atores partilharem o mesmo julgamento avaliativo da

---

[5] Para uma apresentação geral e discussão da sociologia pragmática francesa, ver Dodier (1993), Bénatouïl (1999), Wagner (1999), Silber (2003) e o número especial do *European Journal of Social Theory* organizado por Blokker (2011). Para uma apresentação da investigação norte-americana e europeia acerca da sociologia da valoração e avaliação a que a sociologia pragmática francesa deu uma importante contribuição, ver Lamont (2012).

[6] Para uma análise detalhada do "encontro recente" entre o pragmatismo norte--americano e a sociologia francesa, ver Stavo-Debauge (2012).

situação, o que depende da partilha do mesmo modo de implicação com os seres humanos e não-humanos envolvidos na situação.

O julgamento quanto à "adequação" da ação a uma dada situação é considerado crucial para a compreensão da ação humana e envolve um momento avaliativo no seu desenrolar. Esta avaliação é baseada no bem a que o agente almeja através da coordenação com o ambiente social e material. Três tipos de bem são referidos na sociologia pragmática como sendo geralmente reconhecidos nas nossas sociedades como guias para a ação: a "facilidade" da acomodação com um ambiente familiar; o bem da realização de uma ação planeada; e o "bem comum" benéfico para a comunidade política como um todo (Thévenot, 1990, 2001, 2006, 2007).[7]

A partir daqui, são identificados três registos ou modos de ação principais, designados "regimes de implicação": o regime familiar, o regime de um plano (ou regime de ação normal) e o regime de justificação pública (Boltanski e Thévenot, 2006; Thévenot, 2007).[8]

O regime de justificação pública foi o mais extensivamente discutido e explorado. Ele define um modo de ação e de valoração que é requerido a um agente tendo em vista assegurar a coordenação o mais ampla possível – uma "coordenação pública" – potencialmente aberta a qualquer ser humano. De facto, segundo Boltanski e Thévenot, a "ação justificável" e o seu modo específico de valoração são a pedra de toque da moderna construção da "esfera pública"

---

[7] Com "bem comum", Boltanski e Thévenot (2006) designam uma construção política e histórica: a de um princípio de avaliação dotado de universalidade, destinado a organizar a comunidade política num equilíbrio ordenado orientado para a justiça.
[8] Os "regimes de implicação" são modelos descritivos da ação. Não são a reconstrução da realidade social e das suas estruturas objetivas, nem são modelos preditivos de fenómenos ou comportamentos. Têm em vista uma definição clara das competências e recursos de que cada ator precisa para produzir um certo tipo de coordenação com o ambiente social e material em certo contexto. Cada modelo de ação tem assim a sua própria gramática (Thévenot, 1990).

como esfera distinta da vida social. A construção da esfera pública segue a par da definição de um modo específico de implicação e valoração do ambiente envolvente, humano e material, requerido aos agentes. Pelo modo como foi construída historicamente a esfera pública, a implicação requerida aos agentes é baseada na qualificação dos seres humanos e não-humanos segundo a sua grandeza em termos de uma definição legítima do bem comum. Consequentemente, são atribuições legítimas de valor as que estabelecem uma ordem (de pessoas e de coisas na situação) que seja equitativa e justa, uma vez que respeita a sua grandeza avaliada do ponto de vista do bem comum.

A equidade e a justiça destas atribuições de valor são provadas através de "testes de realidade" apropriados. O teste de realidade é um conceito chave para o entendimento pragmático das práticas avaliativas que orientam a ação e é uma das contribuições mais originais que esta abordagem oferece para a compreensão da legitimidade e da justificabilidade nas nossas sociedades. No curso da ação, os agentes testam a adequação da sua avaliação recorrendo a objetos e instrumentos específicos expressamente concebidos ou formatados para atribuir valor, ou a práticas valorativas, mais ou menos formalizadas, que envolvem o ambiente material. No regime público de ação, os testes de realidade são realizados com instrumentos e equipamentos que atribuem valor de forma objetiva através do estabelecimento de um "espaço de equivalência", baseado no bem comum, como ponto de vista avaliativo (Boltanski e Tévenot, 2006: 133-138).[9] Consequentemente, a comensuração é a operação que está no cerne dos testes de realidade concebidos para determinar a legitimidade de uma atribuição pública de grandeza.

---

[9] Para uma síntese da discussão acerca da objetividade numa perspetiva pragmática, em termos de modos de "objetivação" que implicam uma intervenção material – ou "investimento" – para "formatar" o ambiente da ação, ver Centemeri (2012).

Os autores apontam para uma característica específica da nossa sociedade moderna que dá conta da sua complexidade: diferentes definições da grandeza de pessoas e coisas são tidas ao mesmo tempo como publicamente legítimas. De facto, historicamente emergiram especificações plurais do bem comum. Isto implica a possibilidade de uma pluralidade de "ordens de grandeza" legítimas na nossa sociedade. Na sua investigação sobre modos práticos de justificação, Boltanski e Thévenot detetam seis expressões diferentes do bem comum na nossa sociedade que definem outras tantas ordens gerais, sociais e económicas justificáveis, todas elas com os seus próprios modos de valoração: concorrência de mercado, eficiência industrial, fama, solidariedade cívica, confiança doméstica, inspiração. Sendo construções conceptuais historicamente definidas, as ordens de grandeza não são apenas seis, podendo sempre emergir novas ordens, como mostra o trabalho de Boltanski e Chiapello (2005) acerca da grandeza baseada em redes do capitalismo contemporâneo e – especialmente relevante para a valoração ambiental – pela muito problemática ordem de grandeza "verde" emergente, discutida por Lafaye e Thévenot (1993).[10] O resultado é que nas nossas sociedades podem ser utilizadas lógicas de comensuração legítimas plurais para definir uma ordem geral. Isso implica que comensurar não é necessariamente monetarizar através de preços de mercado. A moeda é historicamente a ferramenta mais relevante para a comensuração nas nossas sociedades, mas podemos comensurar sem usar moeda. Além disso, as

---

[10] Lafaye e Thévenot (1993) assinalam as dificuldades de definir "formas de equivalência" que permitam a existência de "testes de realidade" da grandeza ecológica fortes. Além disso, a ordem ecológica implicaria o alargamento da classe de seres merecedores de consideração moral para lá da "humanidade comum". Esta hipótese desafia radicalmente o modelo de comunidade política em que as ordens de grandeza assentam. Neste ponto ver Latour (1998) e Block (2013).

lógicas da comensuração através do dinheiro são também elas plurais não se limitando à lógica mercantil (Zelizer, 1997).[11]

Comparadas com a ação publicamente justificável, a "ação normal" e a "implicação familiar" são modos de coordenação e valoração cuja extensão e legitimidade pública são mais limitadas. Estes últimos modos de coordenação são restringidos, respetivamente, aos que têm um interesse na ação e àqueles para quem o ambiente é familiar. Consequentemente, no movimento da ação normal para o regime de familiaridade, os testes de realidade, através dos quais os agentes verificam a adequação da sua avaliação da situação, são progressivamente menos dependentes de um critério geral de avaliação de funções e necessidades e mais incrustados em conhecimento produzido e partilhado mediante uma prática personalizada.

Lendo a ação através desta pluralidade de modos de implicação, a sociologia pragmática leva-nos a considerar o agente humano como plural nos seus modos de ser um "agente-no-ambiente". A mesma pessoa é capaz de diferentes tipos de agência – entendida como diversos tipos de capacidade de ação – que são sustentados por diferentes modos de implicação com o ambiente: a personalidade, os apegos, na implicação familiar; o indivíduo com autonomia e interesses, na ação normal; a pessoa que age para o bem comum, no regime de justificação. Consequentemente, o ambiente envolvente é cognitivamente enquadrado pelos agentes como ambiente familiar, objetos funcionais, ou entidades convencionais. Isto significa que, dependendo do modo de implicação com o ambiente, a informação relevante para testar a adequação da ação não é a mesma: sugestões percetuais no regime familiar, linguagem

---

[11] Além disso, a escolha de "grandeza" em vez de "valor" está relacionada com o facto de a sociologia pragmática tentar ultrapassar o chamado "pacto de Parsons" (Stark, 2009: 7), isto é, a distinção entre valor económico (o domínio legítimo da economia) e valores sociais (o legítimo domínio da sociologia).

comum de funções e necessidades na ação normal, linguagem codificada na ação pública.

O que nos interessa é que a cada regime corresponde uma "gramática prática" de valoração: a valoração é baseada em convenções legítimas relacionadas com ordens de grandeza no regime de justificação; na utilidade, no regime de ação normal; em apegos pessoais, no regime familiar. A possibilidade de partilhar estas linguagens e práticas de valoração com outros, assegurando deste modo a coordenação e o acordo, é desigual. Quando uma avaliação é baseada na referência a uma ordem de grandeza legítima, a possibilidade de acordo ou desacordo acerca do que tem valor está aberta a "um terceiro generalizado", uma vez que o valor pode ser objetivamente testado através de instrumentos e ferramentas apropriadas coletivamente concebidas para este propósito (Boltanski e Thévenot, 2006). As convenções que qualificam e enquadram as entidades envolvidas segundo categorias gerais de grandeza permitem um teste objetivo do valor sem requererem um conhecimento direto e profundo da situação. Em contraste, quando uma avaliação é baseada na implicação familiar, o acordo ou desacordo requerem uma experiência partilhada e direta de familiarização. Contudo, longe de serem limitadas à esfera do "privado", as valorações baseadas na facilidade proporcionada por arranjos pessoais podem ser partilhadas com outros, uma vez que são compreensíveis para outros, podem ser comunicadas e podem sustentar alegações críticas.

No entanto, a crítica baseada em valorações que assentam na familiaridade não podem ser facilmente expressas no espaço público. Este último é historicamente e culturalmente construído sobre o princípio que requer às formas de valoração uma perspetiva "desapegada" acerca das características relevantes que dão conta da grandeza ou da utilidade de alguém ou de alguma coisa: elas requerem objetividade (Porter, 1995). As formas de valoração baseadas em apegos pessoais podem ser entendidas por outros e partilhadas com eles, mas não são aceitáveis enquanto tal como argumentos legítimos no espaço público, onde têm de ser ou traduzidas (para interesses) ou compatibilizadas (através da mediação) com definições legítimas de grandeza (Doidy, 2003; Richard-Ferroudji, 2011). Isto é uma razão estrutural que dá conta do poder desigual das linguagens de valoração que podemos observar na deliberação pública. De forma semelhante, a importância crescente atribuída a instrumentos como a análise custo-benefício quanto à legitimidade da decisão pública cria um enviesamento a favor de expressões de grandeza baseadas no preço e na eficiência que implicam uma expressão estritamente quantificada do valor. Isto tem reduzido progressivamente o lugar de modos de valoração justificáveis, como o doméstico, que assentam em apreciações de grandeza que estão menos ligadas a expressões quantificadas de valor e que podem ser mais "acolhedoras", como defenderemos, a valorações baseadas na familiaridade.

Se concebermos a ação como implicação e coordenação com o ambiente, há uma tensão interior que, desta forma, é revelada na própria palavra "ambiente" e no seu uso nas nossas sociedades, com consequências importantes para a compreensão dos conflitos na valoração ambiental. De facto, aquilo a que chamamos o "Ambiente" (significando a "Natureza") é revelado como um modo específico de qualificar o entorno ou a envolvente de alguém, de um ser ou de uma comunidade e nele se implicar em termos de ação pública ou normal. Nestes dois modos de ação, um sujeito (humano) é separado de, e confrontado com, um objeto (não humano), enquanto na implicação familiar a fronteira entre sujeito e objeto é difusa.

Na esfera pública, o ambiente importa enquanto natureza. Os modos públicos legítimos de valorar a natureza são plurais e assentam desigualmente em expressões quantificadas e mensuráveis de valor. A natureza pode ser valorada como "património", de acordo com uma grandeza doméstica; ou como expressão de um "estado selvagem", segundo uma grandeza inspirada; ou como um "lugar de renome", de acordo com uma grandeza baseada na fama. Estas "ordens de grandeza" são exemplos de modos públicos legítimos de valoração que não dependem de uma definição estritamente quantificada de valor. Contudo, estão aqui presentes modos de objetivação do valor gerais e acordados, baseados em conhecimento codificado e julgamento pericial que garantem a possibilidade de ordenação. Quando a natureza é valorada "como bem económico", segundo uma grandeza de mercado, ou como um recurso para a produção, segundo uma grandeza industrial, são introduzidos modos quantificados de valoração, em termos de preços e indicadores de eficiência. A natureza também pode ser valorada como "bem público" a que estão associados direitos coletivos: podemos então falar de um modo cívico de valoração ambiental. A crescente relevância da "biodiversidade" enquanto expressão de valor ambiental põe em evidência a progressiva construção de uma ordem de grandeza especificamente "verde", amplamente baseada em modos de quantificação que tentam tornar visíveis interdependências que ligam – em bases ecológicas – o local e o global e o presente e o futuro (Lafaye e Thévenot, 1993).

Todas estas formas plurais de valoração assentam num modo idêntico de implicação com o ambiente – o modo publicamente justificável de implicação: o ambiente é enquadrado pelos agentes a partir de categorias de qualificação gerais e acordadas. O ambiente é sempre um ambiente "qualificado", enquadrado como expressão de um bem comum legítimo.

Desta forma é possível identificar um primeiro tipo de problema de incomensurabilidade com que nos confrontamos em conflitos de valoração ambiental. Propomo-nos defini-lo em termos de incomensurabilidade de ordem. Por problema de incomensurabilidade de ordem entendemos uma situação crítica em que existe dificuldade em acordar no espaço público no critério de comensuração que é pertinente para testar a legitimidade de uma decisão ou ação. Em caso de confronto com o problema de incomensurabilidade de ordem, as disputas e as controvérsias envolvem desacordo quanto ao modo de comensurar, mas não quanto à possibilidade ou necessidade de comensurar. Todas as valorações conflituais em jogo assentam numa implicação de justificação pública dos agentes com o ambiente. O conflito não envolve a natureza do julgamento avaliativo apropriado; envolve o bem comum a prosseguir através da coordenação. Os modos de valoração que sustêm uma coordenação orientada para a concorrência de mercado não são os mesmos que sustêm uma coordenação orientada para a eficiência industrial ou para a solidariedade cívica. Contudo, em todos estes casos, o tipo de implicação com o ambiente requerido aos agentes é o mesmo e requer comensuração para que a coordenação com outros seja possível.

A questão que daqui decorre é saber como pode um acordo ser alcançado, apesar da incomensurabilidade de ordem. Uma saída possível deste dilema é dispor de um princípio que domine outros. No entanto, entre as provas coligidas por Boltanski e Thévenot, o cenário mais frequente é o de valorações conflituais que são reconciliadas num "arranjo compósito" ou "compromisso". Num compromisso firmado em público – que é diferente de um arranjo privado por acordo mútuo dos atores envolvidos ou de uma negociação de interesses –, o imperativo da justificação não é satisfeito, mas não é também completamente perdido de vista: «num compromisso, os participantes não tentam clarificar o princípio do seu acordo; estão favoravelmente dispostos a uma noção de bem comum sem procurar ativamente tal noção» (Boltanski e Thévenot, 2006: 277-278). Num compromisso, reúnem-se diferentes lógicas de comensuração para estruturar espaços de equivalência que não são completamente coerentes, mas são suficientemente sólidos para sustentar um julgamento avaliativo justificável e as decorrentes atribuições de valor. No domínio do ambiente, um exemplo do que Boltanski e Thévenot designam por "arranjo público para o bem comum" é a referência ao "desenvolvimento sustentável" (Godard, 2003). O desenvolvimento sustentável refere-se a um "bem comum", em grande medida subespecificado. É por isso que encontramos tantas definições diferentes de sustentabilidade. Não obstante, é possível defender em público arranjos para o desenvolvimento sustentável que justificam decisões e possibilitam a crítica.

No entanto, este não é o único tipo de incomensurabilidade com que nos confrontamos quando observamos conflitos ambientais. De facto, um problema de incomensurabilidade diverso do que designamos por incomensurabilidade de ordem é suscitado por alegações quanto ao ambiente como *habitat* humano (*milieu*), não como natureza selvagem.

Usamos a expressão "ambiente habitado" para designar um lugar que uma pessoa valoriza porque se move nele e nele se sente "à vontade" e porque há memórias nele depositadas. Consideramos ambiente habitado o ambiente de que nos apropriamos, forjando laços íntimos com seres humanos e não humanos aí existentes, criando deste modo um lugar em que as interações ocorrem sem esforço. A pessoa está "distribuída" no seu ambiente habitado tornado *parte constitutiva da pessoa*, de modo que, se afetado o ambiente, as consequências recaem diretamente sobre ele ou ela. Contudo, de um ponto de vista externo, o ambiente habitado pode ser apenas um ambiente "natural", até mesmo uma "selva".

A experiencia de *habitar* é baseada numa relação de proximidade com o ambiente que resiste à comensuração porque, através da habitação, as coisas e as pessoas são constituídas como particulares espaciotemporais. Esta relação é crucial (ou "constitutiva") para a "consistência" da pessoa (Breviglieri, 2012).[12] Desta forma é

---

[12] Partindo do significado original de consistência ("firmemente erguido"), o termo "consistência" denota na sociologia pragmática o esforço que uma pessoa faz para manter uma coerência existencial através dos múltiplos modos de ação e de implicação requeridos pela vida nas nossas sociedades.

possível investigar a "incomensurabilidade constitutiva" sem saltar diretamente para categorias coletivas abrangentes como identidade cultural, ou sacralidade.

Ao estudar conflitos de valoração ambiental respeitantes a decisões públicas com impacto no ambiente, ou compensações por danos ambientais, confrontamo-nos constantemente com atribuições de valor baseadas na familiaridade e na dificuldade de as integrar no processo público de valoração em que a objetificação é tão central. Confrontamo-nos permanentemente com problemas de "incomensurabilidade radical" ou constitutiva.

De facto, é através da implicação familiar que as pessoas desenvolvem apegos a seres e objetos que valorizam porque participam na conservação do meio em que estão distribuídas. Estes seres e objetos são passíveis de valoração de uma forma que exclui a comensuração, uma vez que a comensuração implicaria considerar essas pessoas, objetos e outras entidades do ambiente como separadas e "equivalentes" a outras, de acordo com uma qualificação ou uma simples função.

É evidentemente possível, apesar disso, comensurá-las, mas tal comensuração seria desprovida de significado de um ponto de vista do habitat: comensurá-las significaria deslocar-se para uma implicação prática diferente com elas. Estes seres radicalmente incomensuráveis podem ser igualmente passíveis de valoração para outras pessoas, não por que partilhem um critério de julgamento – que alguém, um terceiro generalizado, pudesse aplicar –, mas porque partilhamos o mesmo tipo de implicação com os mesmos seres. Em causa, neste caso, estão "indícios" para a compreensão do valor "a partir de dentro", não cifras para descodificar a sua grandeza "a partir de fora" (Ingold, 2000).

Podemos evidentemente comensurar as entidades familiares a que estamos apegados, trocar mesmo umas pelas outras, pôr nelas um preço ou aceitar uma compensação como um reconhecimento social pela sua perda. Mas isto decorreria de uma "escolha trágica" (Nussbaum, 2001), algo que somos forçados a fazer, ou, na melhor das hipóteses, de uma escolha difícil que envolve sofrimento. Esta dificuldade e sofrimento são o sinal de que estamos a sacrificar alguma coisa que valorizamos de um modo que não tem um equivalente real.

Referências bibliográficas

Arrow, Kenneth (1951), *Social Choice and Individual Values*. Nova Iorque: John Wiley.

Bénatouïl, Thomas (1999), "A Tale of Two Sociologies: The Critical and the Pragmatic Stance in Contemporary French Sociology", *European Journal of Social Theory*, 2(3), 379-396. Doi: http://dx.doi.org/10.1177/136843199002003011

Bidet, Alexandra; Quéré, Louis; Truc, Gérôme (2011), "Ce à quoi nous tenons. Dewey et la formation des valeurs. Présentation", *in* J. Dewey, *La formation des valeurs*. Paris: La Découverte, 5-64.

Blok, Anders (2013), "Pragmatic sociology as political ecology: On the many worths of nature(s)", *European Journal of Social Theory*, 16(4), 492-510. Doi: http://dx.doi.org/10.1177/1368431013479688

Blokker, Paul (2011), "Pragmatic sociology: Theoretical evolution and empirical application", *European Journal of Social Theory*, 14(3), 251-261. Doi: http://dx.doi.org/10.1177/1368431011412344

Boltanski Luc; Chiapello, Eve (2005), *The New Spirit of Capitalism*. Londres: Verso [1.ª ed. francesa: *Le nouvel esprit du capitalisme*. Paris: Gallimard, 1999].

Boltanski Luc; Thévenot, Laurent (2006), *On Justification: Economies of Worth*. Princeton: Princeton University Press [1.ª ed. francesa: *De la Justification. Les Economies de la grandeur*. Paris: Gallimard, 1991].

Breviglieri, Marc (2012), "L'espace habité que réclame l'assurance intime de pouvoir: Un essai d'approfondissement sociologique de l'anthropologie capacitaire de Paul Ricoeur", *Études Ricoeuriennes/Ricoeur Studies*, 3(1), 34-52. Doi: http://dx.doi.org/10.5195/errs.2012.134

Centemeri, Laura (2012), "The Contribution of the Sociology of Quantification to a Discussion of Objectivity in Economics", *in* José Castro Caldas e Vítor Neves (eds.), *Facts, Values and Objectivity in Economics*. Londres: Routledge, 110-125.

Coase, Ronald (1960), "The Problem of Social Cost", *Journal of Law and Economics*, 3, 1-44. Doi: https://doi.org/10.1086/466560

D'Agostino, Fred (2000), "Incommensurability and Commensuration: Lessons from (and to) Ethico-Political Theory", *Studies in History and Philosophy of Science*, 31(3), 429-447. Doi: http://dx.doi.org/10.1016/S0039-3681(00)00013-3

D'Agostino, Fred (2003), *Incommensurability and Commensuration: The Common Denominator*. Hampshire: Ashgate.

Desrosières, Alain (1990), "How to Make Things Which Hold Together: Social Science, Statistics and the State", *in* P. Wagner, B. Wittrock e R. Whitley (eds.), *Discourses on Society: The Shaping of the Social Science Disciplines*. Dordrecht: Kluger, 195-218.

Desrosières, Alain (1992), "Discuter l'indiscutable. Raison statistique et espace public", *in* A. Cottereau e P. Ladrière (eds.), *Pouvoir et légitimité: figures de l'espace public*. Paris: Éditions de l'EHESS, 131-154.

Dewey, John (1930 [1922]), *Human Nature and Conduct. An Introduction to Social Psychology*. Nova Iorque: The Modern Library.

Dodier, Nicolas (1993), "Action as a combination of 'common' worlds", *Sociological Review*, 41(3), 556-571. Doi: http://dx.doi.org/10.1111/j.1467-954X.1993.tb00077.x

Doidy, Eric (2003), "La voix des usagers dans les concertations environnementales", *Sociologies pratiques*, 7, 49-64.

Espeland, Wendy N.; Stevens, Mitchell L. (1998), "Commensuration as a social process", *Annual Review of Sociology*, 24, 313-343. Doi: http://dx.doi.org/10.1146/annurev.soc.24.1.313

Godard, Olivier (2003), "Développement durable et principes de légitimité", *Information sur les Sciences Sociales*, 42(3), 375-402. Doi: http://dx.doi.org/10.1177/05390184030423004

Guggenheim, Michael; Potthast, Jörg (2012), "Symmetrical twins: On the relationship between Actor-Network theory and the sociology of critical capacities", *European Journal of Social Theory*, 15(2), 157-178. Doi: http://dx.doi.org/10.1177/1368431011423601

Ingold, Tim (2000), *The perception of the environment: Essays on livelihood, dwelling and skill*. Londres: Routledge.

Joas, Hans (1996), *The Creativity of Action*. Cambridge: Polity Press.

Joas, Hans (2000), *The Genesis of Values*. Cambridge: The University of Chicago Press.

Kuhn, Thomas S. (1962). *The Structure of Scientific Revolutions*. Chicago: University of Chicago Press.

Lafaye, Claudette; Thévenot, Laurent (1993), "Une justification écologique? Conflits dans l'aménagement de la nature", *Revue Française de Sociologie*, 34(4), 495-524. Doi: http://dx.doi.org/10.2307/3321928

Lamont, Michèle (2012), "Toward a Comparative Sociology of Valuation and Evaluation", *Annual Review of Sociology*, 38, 201-221. Doi: http//dx.doi.org/10.1146/annurev-soc-070308-120022

Latour, Bruno (1998), "To modernise or ecologise? That is the question", in Bruce Braun (ed.), *Remaking Reality: Nature at the Millennium*. Florence, KY: Routledge, 221-241.

Lukes, Steven (1997), "Comparing the Incomparable: Trade-offs and Sacrifices", in Ruth Chang (ed.), *Incommensurability, Incomparability and Practical Reason*. Cambridge, MA: Harvard University Press, 184-195.

Nussbaum, Martha (2001), *The Fragility of Goodness: Luck and Ethics in Greek Tragedy and Philosophy*. Cambridge: Cambridge University Press.

Porter, Theodor M. (1995), *Trust in Numbers. The Pursuit of Objectivity in Science and Public Life*. Princeton: Princeton University Press.

Radin, Margaret (1993), "Compensation and Commensurability", *Duke Law Journal*, 43(1), 56-86. Doi: https://doi.org/10.2307/1372746

Raz, Joseph (1986), *The Morality of Freedom*. Chicago: Clarendon Press.

Richard-Ferroudji, Audrey (2011), "Limites du modèle délibératif: composer avec différents formats de participation", *Politix*, 96(4), 161-181. Doi: https://doi.org/10.3917/pox.096.0161

Silber, Ilana F. (2003), "Pragmatic sociology as cultural sociology: beyond repertoire theory?" *European Journal of Social Theory*, 6(4), 427-449. Doi: http://dx.doi.org/10.1177/13684310030064004

Stark, David (2009), *The Sense of Dissonance: Accounts of Worth in Economic Life*. Oxford: Princeton University Press.

Stavo-Debauge, Joan (2012), "La sociologie dite 'pragmatique' et la philosophie pragmatiste, une rencontre tardive", comunicação em *Pourquoi le pragmatisme? L'intérêt du pragmatisme pour les sciences humaines et sociales*, documento de trabalho, Villa Vigoni, Itália, 15-18 julho de 2012.

Thévenot, Laurent (1984), "Rules and implements: investment in forms", *Social Science Information*, 23(1), 1-45. http://dx.doi.org/10.1177/053901884023001001

Thévenot, Laurent (1990), "L'action qui convient", *in* Patrick Pharo e Louis Quéré (eds.), *Les formes de l'action*. Paris: Ed. de l'EHESS, 39-69.

Thévenot, Laurent (2001), "Pragmatic regimes governing the engagement with the world", *in* Karin Knorr-Cetina, Theodore R. Schatzki e Eike von Savigny (eds.), *The Practice Turn in Contemporary Theory*. Londres: Routledge, 56-73.

Thévenot, Laurent (2006), *L'action au pluriel. Sociologie des régimes d'engagement*. Paris: La Découverte.

Thévenot, Laurent (2007), "The Plurality of Cognitive Formats and Engagements: Moving between the Familiar and the Public", *European Journal of Social Theory*, 10(3), 409-423. Doi: http://dx.doi.org/10.1177/1368431007080703

Wagner, Peter (1999), "After Justification: Repertoires of evaluation and the sociology of modernity", *European Journal of Social Theory*, 2(3), 341-357. Doi: http://dx.doi.org/10.1177/13684319922224572

Zelizer, Viviana A. (1997), *The Social Meaning of Money*. Princeton, NJ: Princeton University Press.

CAPÍTULO 2
O PROBLEMA DOS CUSTOS SOCIAIS

VÍTOR NEVES

Introdução

Num estimulante livro, *The Value of Nothing*, já traduzido para português, Raj Patel ilustra de forma muito clara, através de exemplos vários, a diversidade, amplitude e, sobretudo, a importância dos custos sociais decorrentes da atividade económica empresarial no quadro do capitalismo contemporâneo (Patel, 2011, em particular o capítulo 3). Mais recentemente, em *Social Costs Today: Institutional analyses of the present crises* (Elsner et al., 2012), uma obra coletiva, os seus organizadores argumentam que a análise das crises atuais exige uma abordagem em que os custos sociais, entendidos como fenómeno sistémico, ocupem um lugar central (uma tese bem documentada ao longo dos 12 capítulos do livro). A relevância dos custos sociais – ou externalidades (negativas), como são mais vulgarmente conhecidos entre os economistas – é incontestável.

Embora muitos dos investimentos realizados na economia, designadamente em grandes infraestruturas, como aeroportos e barragens, tenham por objetivo o crescimento da produção e da riqueza, a melhoria dos transportes e comunicações, melhores acessibilidades e novas oportunidades de emprego ou a diversificação das fontes de energia, os seus impactos negativos – económicos, sociais e ambientais – para os indivíduos e comunidades não são em geral despiciendos. Os efeitos negativos que tendem a acompanhar tais investimentos, como a destruição de certas atividades económicas, a perda de qualidade de vida de segmentos da população ou a degradação do meio ambiente, da paisagem e do património, são em geral difíceis de evitar.

Contudo, o nosso conhecimento sobre tais custos – sobre a sua natureza, importância e implicações na economia e na vida das pessoas – é ainda algo limitado. A teoria económica convencional das externalidades, com origem no trabalho de Arthur Pigou (1877-1959), *Economics of Welfare* (Pigou, 1932 [1920]), assenta no entendimento de que tais custos constituem uma *falha do mercado*. Esta abordagem, relativamente incontroversa até ao início dos anos 1960, foi fortemente abalada pelo trabalho de Ronald Coase (1910-2013), *The Problem of Social Cost* (Coase, 1960). Para este autor, o problema dos custos sociais é, na verdade, o resultado da *inexistência de mercados*, seja porque os direitos de propriedade que os viabilizariam não são claramente definidos, seja porque os custos de transação (os custos de funcionamento do mercado) são proibitivos. É, afinal, um problema de natureza institucional (uma falha do Estado e das instituições da economia). Em ambas as abordagens, porém, os custos sociais são reduzidos a um mero problema de alocação ineficiente dos recursos económicos. E embora represente uma significativa mudança de paradigma na análise dos custos sociais (Medema, 1994), a abordagem de Coase insere-se, ainda assim, no quadro concetual da teoria microeconómica tradicional e utiliza, no fundamental, os seus instrumentos analíticos. Não é, por isso, de estranhar que faça hoje parte de quase todos os manuais de Microeconomia e de Economia Pública estudados nas universidades do mundo inteiro.

À margem destas duas tradições de pensamento (a pigouviana e a coaseana), hoje dominantes,[1] merece destaque o trabalho de Karl William Kapp (1910-1976), um destacado, mas relativamente pouco conhecido, economista institucionalista crítico, na tradição do institucionalismo americano, com fortes raízes no pensamento

---

[1] Infelizmente, sem a subtileza das análises dos autores que lhes deram origem.

europeu. Kapp dedicou ao problema dos custos sociais grande parte do seu labor científico ao longo de mais de um quarto de século. Num livro seminal, *The Social Costs of Private Enterprise*,[2] e em vários trabalhos posteriores, Kapp mostra que os custos sociais são um produto inexorável da lógica intrínseca de funcionamento do capitalismo, com uma clara dimensão política, e põe em causa a busca de soluções para o problema dos custos sociais pela via do mercado (como tende a defender Coase) ou com base no cálculo económico assente nos preços de mercado (como acontece também no caso de Pigou), propondo, em contrapartida, controlos sociais *ex ante* e reformas institucionais adequadas, alicerçados na definição de "mínimos sociais" e num princípio de precaução em contexto de incerteza bem como na resolução democrática de conflitos de interesses e necessidades. O trabalho de Kapp tem vindo a suscitar um interesse crescente nestes últimos anos (veja-se, nomeadamente, Elsner *et al.*, 2006, e Elsner *et al.*, 2012).

Importa, assim, pôr em confronto estas diferentes conceções sobre os custos sociais. Desde logo, procurando clarificar a natureza do problema. Será esse o objeto da secção 1. Dado o relativo desconhecimento da obra de Kapp, uma atenção particular será conferida ao trabalho deste autor. Na secção 2, apresentar-se-ão, se bem que de forma muito sintética, algumas linhas fundamentais de fratura entre a abordagem convencional dominante sobre os custos sociais e a abordagem heterodoxa de Kapp. Uma menção especial será dada: (1) às diferenças relativas aos conceitos de eficiência relevantes; (2) à posição sobre as possibilidades de conceptualização do problema dos custos sociais num quadro de equilíbrio; (3) à questão da dimensão do poder e assimetria dos agentes; (4) à questão dos direitos de propriedade *vs.* direitos sociais; e, finalmente, (5) ao problema da valoração dos custos sociais. Discutir-se-á, na

---

[2] Publicado em 1950, este livro foi reeditado em 1963 com o título *The Social Costs of Business Enterprise* (Kapp, 1978 [1963]).

secção 3, a questão prática de como lidar com o problema dos custos sociais. Algumas notas finais concluirão o capítulo.

1. A natureza do problema

1.1. Os custos sociais como "externalidades" (falha do mercado)

Na literatura económica convencional, os custos sociais são externalidades.[3] Estas são entendidas como consequências não planeadas da atividade de um ou mais agentes económicos (indivíduos ou empresas)[4] sobre o bem-estar ou a capacidade produtiva de outro ou outros intervenientes no processo económico e relativamente às quais não é possível obter ou exigir compensação.[5] São efeitos *residuais* ou *secundários*[6] da atividade económica principal do agente – efeitos "externos" – que escapam à ação do mecanismo de preços. São deseconomias externas.

O problema fundamental aqui identificado é a incapacidade do mecanismo de preços induzir uma compensação pelos danos[7] causados, ou, na linguagem dos economistas, levar à internalização desses efeitos.[8] Trata-se de uma *falha do mercado*, ou seja, uma situação em que os mercados se revelam incapazes de garantir a

---

[3] Externalidades negativas. Podemos, paralelamente, falar de externalidades positivas quando, em vez de custos, estão em causa benefícios sociais.

[4] A origem específica da externalidade – produção ou consumo – é irrelevante.

[5] Os danos não percecionados como tal pelos diversos atores económicos não são considerados externalidades. A degradação ambiental, por exemplo, só se constitui como um problema relevante na medida em que alguém sinta que o seu bem-estar é afetado (Franzini, 2006: 58).

[6] Veja-se, por exemplo, Fernandes (2011: 140).

[7] Ou benefícios, no caso das externalidades positivas.

[8] Os efeitos sobre terceiros internalizados por ação do mecanismo de preços – as chamadas externalidades pecuniárias – são, deste ponto de vista, irrelevantes. Não são sequer consideradas como verdadeiras externalidades. Decorrem do normal funcionamento do mercado. É o caso, por exemplo, dos efeitos negativos sobre o bem-estar da população residente numa área turística decorrentes dos aumentos de preços na época balnear devido ao grande afluxo de turistas.

afetação "eficiente" dos recursos económicos. No quadro analítico da Economia dominante, isto é o mesmo que dizer que o ótimo de Pareto é violado.[9] E não sendo possível uma compensação, na lógica do teste da melhoria potencial de Pareto, isto é, nas situações em que os danos causados pela ação de um agente são maiores do que as vantagens que trazem para um qualquer outro agente ou setor da economia, a concretização daquele "ótimo" é impossível.[10] As externalidades constituem-se então como um problema, havendo justificação para uma ação corretiva.[11] Na tradição pigouviana, isto significa, em geral, ação do Estado por via de impostos, subsídios ou regulamentação pública.

1.2. Os custos sociais como resultado da inexistência de mercados (uma falha institucional)

Ronald Coase rejeita a ideia dos custos sociais como danos *externos* (recusando também, por isso, o termo "externalidades"). Para este autor, é inadequado pensar o problema dos custos sociais como o resultado da imposição unilateral de um dano a outrem, como uma questão de falta de compensação (internalização) por parte do agente *gerador* do dano ao(s) agente(s) que *suporta(m)* esse dano. Todos são, em última instância, responsáveis pela existência e resolução do problema.

---

[9] Designa-se por *ótimo de Pareto* (ou eficiência de Pareto) uma situação em que não é possível melhorar o nível de bem-estar de um qualquer agente económico sem que isso implique a diminuição do bem-estar de pelo menos um outro agente económico.
[10] Sobre o teste de melhoria potencial de Pareto, ou critério de compensação de Kaldor-Hicks, veja-se, por exemplo, Bromley (1990) ou Zerbe Jr. (2001).
[11] Apenas as externalidades relevantes do ponto de vista do ótimo de Pareto interessam. Se, por exemplo, as decisões de uma empresa afetarem negativamente o bem-estar dos seus trabalhadores ou da comunidade mas permitirem aumentar o bem-estar dos seus acionistas mais do que o dano por elas causado, não haverá justificação, numa lógica de eficiência (a única relevante no quadro desta abordagem), para quaisquer ações corretivas.

Os custos sociais decorrem de situações em que os agentes envolvidos estabelecem entre si, no que respeita ao objeto do dano, uma relação de reciprocidade. Na relação entre dois agentes, A e B, "ambas as partes causam o dano". Evitar o dano a B implica causar um dano a A. Os custos existem para ambas as partes e são comensuráveis. Por isso é desejável que ambas levem em consideração o dano ao decidir como agir (Coase, 1960: 13).

A questão que se deve colocar, como Coase se esforçou por mostrar, recorrendo a vários exemplos reais de processos judiciais, será: deve A ser autorizado a causar um dano a B ou deve B ser autorizado a causar um dano a A? Trata-se, pois, de decidir que interesses vão ser protegidos pela lei e pelos tribunais, isto é, que interesses vão adquirir o estatuto de direitos (Medema, 1994: 69). Estes têm uma natureza dual (Medema, 1994: 68-69; 2009: 105). A atribuição de um direito a uma parte implica expor outros aos efeitos do exercício desse direito, o que implica custos.[12]

Os custos sociais serão, para Coase, em primeiro lugar, um problema derivado da indefinição dos direitos de propriedade que tornem possível (e facilitem) as transações. Decorrem afinal de uma falha do Estado (Medema, 1996: 102). A partir do momento em que tais direitos sejam definidos com clareza, a sua transação (voluntária) a favor de quem mais os valoriza poderá ocorrer conduzindo a uma alocação eficiente de Pareto independentemente da atribuição inicial dos direitos de propriedade. O problema deixará de existir. É o famoso resultado conhecido como "teorema de Coase". Mas tal só poderá acontecer na ausência de custos de transação.[13]

---

[12] "O custo de exercer um direito é sempre a perda que se sofre algures em consequência do exercício desse direito – a incapacidade de atravessar uma terra, estacionar um carro, construir uma casa, desfrutar uma vista, ter paz e sossego ou respirar ar limpo" (Coase, 1960: 44).
[13] Custos de funcionamento do mercado.

Na realidade, dada a relevância empírica de tais custos – o que impede a concretização prática do teorema –, aquilo que segundo Coase é realmente importante não é o resultado expresso pelo teorema com o seu nome,[14] tão enfatizado pelos entusiastas do mercado como solução para todos ou quase todos os problemas (e por grande parte dos manuais de Economia), mas precisamente o papel fundamental do direito (e dos tribunais) na afetação dos recursos económicos. Devido aos custos proibitivos da negociação, os direitos tendem a ser exercidos nos termos da sua atribuição inicial – *"rights stick where they hit"* (Medema, 1994: 76).

A quem deverão então ser atribuídos os direitos de propriedade? A resposta, segundo Coase, é clara: deve evitar-se o dano mais grave (Coase, 1960: 2). Em vez de colocar todo o ónus no "responsável" pelo dano e tentar por todos os meios eliminar esse dano, a solução para o problema dos custos sociais residirá na escolha da alternativa mais vantajosa. É um exercício de cálculo de ganhos e perdas. Trata-se de saber se o ganho resultante de impedir o dano é maior ou menor do que a perda provocada pela ação visando a sua eliminação (Coase, 1960: 27). Por exemplo, se a poluição dos rios provoca a morte de peixes, deve comparar-se o valor perdido dos peixes com o valor da produção tornada possível pela atividade poluidora. Se a construção de uma barragem põe em causa a existência de um património ambiental e/ou histórico relevante, importa pôr em confronto o valor do que se ganha com o valor do que se perde com aquela construção. A regra de decisão, defende Coase, é escolher a situação que maximiza o valor total da produção.

Isto implica, naturalmente, saber o valor do que é obtido e o valor daquilo que é sacrificado. Segundo Coase (1970a: 35), «nem sempre, ou nunca, é fácil decidir qual o curso [da ação] a tomar».

---

[14] Na realidade, o teorema foi enunciado e designado pela primeira vez como "teorema de Coase" por Georges Stigler, em *The Theory of Price*, de 1966.

Mas, em seu entender «a natureza da escolha é clara». Trata-se, continuando a usar as suas palavras, de uma decisão que

> não é diferente da decisão sobre se um campo deve ser usado para cultivar trigo ou cevada, e não é certamente uma decisão acerca da qual devamos manifestar grande emoção. É uma questão importante e difícil, *mas é certamente apenas uma questão de valoração*. (Coase, 1970b: 9, itálico acrescentado)

Em resumo, ao mesmo tempo que redefine a natureza do problema, Coase põe em causa a abordagem tradicional das externalidades em dois aspetos fundamentais: 1) a ideia de que os custos sociais correspondem a uma "falha do mercado"; e 2) o entendimento de que a resolução do problema passa inevitavelmente por ações "corretivas" do Estado, designadamente impostos e subsídios. Os custos sociais são, em seu entender, um problema com origem na indefinição de direitos de propriedade ou em custos de transação impeditivos da transação desses direitos a favor de quem mais os valoriza. Ou seja, em última instância, um problema institucional de que decorre a *inexistência de mercados*. Mas, como ficará mais claro mais à frente, o raciocínio é, ainda assim, no essencial, compatível com a teoria microeconómica tradicional, pressupondo, tal como esta, a possibilidade do cálculo económico com base na hipótese da comensurabilidade de custos e benefícios.

1.3. Os custos sociais como um problema intrínseco ao capitalismo

A análise dos custos sociais de Karl William Kapp rompe em vários aspetos fundamentais com as abordagens anteriores. Para este autor, os custos sociais são um fenómeno generalizado nas economias capitalistas, se bem que muito heterogéneos, custos "não pagos" pelos agentes que os produzem,[15] intrinsecamente ligados

---

[15] *"Unpaid"* ou *"uncompensated social costs"*.

à atividade produtiva e inevitáveis no quadro das economias baseadas no lucro. São, em todo o caso, custos que poderão ser minimizados através de reformas e mudanças institucionais apropriadas.

Segundo Kapp, a existência de custos sociais deve-se fundamentalmente à circunstância de a busca do lucro resultar num prémio à minimização dos custos privados de produção. Ao minimizarem os seus custos internos, as empresas tenderão a *transferir* para terceiros e para a comunidade em geral, e efetivamente a *maximizar*, os custos sociais (isto é, a parte dos custos totais que, na literatura económica tradicional, se convencionou chamar custos "externos").

Em vez de meros efeitos residuais ou secundários de uma atividade principal, um coproduto indesejável, os custos sociais serão antes uma caraterística *intrínseca* e *necessária* ao funcionamento das economias baseadas no lucro. A economia capitalista é, nas palavras de Kapp, uma «economia de custos não pagos».

Estes custos cobrem um amplo espectro de deseconomias ambientais e sociais, incluindo aspetos tão diversos e heterogéneos como a poluição ambiental; o esgotamento dos recursos não renováveis e a exaustão dos recursos renováveis; o congestionamento urbano; a deterioração das condições de trabalho, acidentes de trabalho e doenças profissionais; os efeitos nocivos das mudanças tecnológicas, a instabilidade económica e o desemprego; ou, como tem vindo a acontecer com particular pungência no decurso da crise pós-2008, o sacrifício do bem-estar das pessoas ditado pelos ritmos, interesses e exigências da máquina económica capitalista. Incluem, na verdade, toda «uma variedade de "deseconomias", riscos acrescidos e incertezas que podem prolongar-se até muito longe no futuro» (Kapp, 1963: 185).

O livre funcionamento do mercado promove, segundo Kapp, a "externalização" ou, como ele preferia dizer, a *transferência* em grande escala de uma parte significativa dos custos totais da produção para a comunidade (a conversão dos custos "externos" em custos *sociais*).

Na ótica de Kapp, as possibilidades de "resistência" a esta transferência de custos pela via da negociação de interesses conflituantes – numa linha de pensamento à Coase – são limitadas. Várias razões podem ser apontadas nesse sentido. Kapp (1978 [1963]: 267-268) sugere as seguintes:

(i) Alguns custos sociais, como os danos causados à saúde humana, podem permanecer ocultos (e ignorados pelas pessoas afetadas) durante um largo período de tempo;
(ii) No caso de situações catastróficas – como cheias, deslizamentos de terras e outros desastres "naturais" – causadas, ou pelo menos agravadas, pela utilização irracional dos recursos, os custos sociais, com todo o sofrimento humano envolvido, podem ser percecionados como o resultado de causas meramente naturais;
(iii) Alguns danos, sendo elevados como um todo, estão disseminados por um grande número de pessoas de tal forma que as perdas individuais são relativamente negligenciáveis e por isso não parecem justificar uma ação decidida de resistência;
(iv) As pessoas diretamente afetadas pelos custos sociais podem não ter meios (financeiros, legais ou outros) para agir de forma apropriada, nomeadamente pelo recurso à via judicial, no sentido de impedir que os danos que lhes estão a ser infligidos persistam;
(v) Em geral, as pessoas afetadas estão numa posição de inferioridade negocial tendo uma reduzida capacidade para resistir ao poder das empresas e suas organizações; para estas últimas, a atividade de *lobbying* visando entravar medidas de regulação dos seus negócios é frequentemente mais rentável do que tomar medidas no sentido da prevenção dos custos sociais;
(vi) Finalmente – e esta será a questão fundamental – os custos sociais são, em regra, um produto inexorável da lógica de funcionamento da economia de mercado como um todo.

Na verdade, Kapp contesta a ideia de que os custos sociais possam, em geral, ser razoavelmente concebidos num quadro de relações bilaterais e com uma natureza recíproca. Para ele, os custos sociais estão associados a relações não-mercantis assimétricas, frequentemente involuntárias, moldadas por entidades mais ou menos dominantes que impõem os seus interesses aos setores económica e politicamente mais débeis da sociedade. Os atores económicos têm diferentes possibilidades de acesso à informação relevante e diferente capacidade para controlar ou mesmo manipular essa informação, assim como um desigual poder de negociação. Há assim uma dimensão de *poder*, e portanto *política*, no problema dos custos sociais – ignorada pela teoria dominante – sem a qual o problema dos custos sociais não poderá ser plenamente compreendido.

Vale a pena aqui citar o próprio Kapp:

[O] facto de uma parte dos custos de produção poder ser transferida para terceiros ou para a sociedade como um todo é apenas uma outra maneira de dizer que os custos e, consequentemente, os lucros dependem, pelo menos em certa medida, do poder da empresa para o fazer. Em suma, o que a teoria convencional trata como um dado é, na verdade, já *o resultado de uma constelação de interdependências mercantis e não mercantis entre unidades de caráter heterogéneo e com diferentes graus de controlo e dominação económica*. (Kapp, 1969: 335, itálico acrescentado)

Alguns anos mais tarde, num dos seus últimos trabalhos, Kapp acrescentaria:

[O] processo causal [responsável pela disrupção ambiental] não é, em regra, de caráter bilateral, com poluidores específicos causando danos a indivíduos específicos (ou outras partes afetadas) identificáveis. Na verdade, o processo nada tem em comum com uma típica relação mercantil entre duas pessoas; *não é o resultado de uma qualquer transação contratual voluntária*. As pessoas afetadas estão, regra geral, desprotegidas; *não têm*

> *voz na matéria; são vítimas de um processo relativamente ao qual têm pouco ou nenhum controlo.* A degradação da qualidade do meio ambiente acontece, por assim dizer, nas suas costas, e as suas possibilidades de recurso são limitadas ou ineficazes no quadro das leis de compensação em vigor.
> (Kapp, 1977: 531, itálico acrescentado)

Tudo isto nos leva a uma característica central da abordagem de Kapp: a ideia de que os processos causais que ligam a produção, o ambiente natural e social e os indivíduos envolvem dimensões "económicas" e "não-económicas" numa complexa rede de interdependências sistémicas.

Os custos sociais são, em seu entender, o resultado da ação combinada de uma pluralidade de fatores, relações e processos causais, só podendo ser plenamente compreendidos (e os seus efeitos minimizados) no quadro de uma abordagem que reconheça: (1) o caráter *aberto* dos sistemas socioeconómicos e (2) a natureza *circular* e *cumulativa* daqueles processos causais (Kapp, 1976). Esta natureza cumulativa impõe a consideração de *limiares críticos* (ou *zonas críticas*), ausentes da análise convencional, a partir dos quais os custos sociais ganham nova relevância e significado. Mecanismos lineares de causa e efeito e abordagens teóricas com base na noção convencional de equilíbrio serão inadequados para analisar os custos sociais.

2. Linhas de fratura

São muitas as diferenças – umas mais significativas do que outras – entre as várias abordagens sobre os custos sociais que acabámos de revisitar. Algumas constituirão mesmo verdadeiras linhas de fratura entre a abordagem convencional dominante e a abordagem radicalmente heterodoxa de Kapp. Salientaremos as seguintes: em primeiro lugar, os diferentes conceitos de eficiência subjacentes às duas abordagens. Segundo, a visão diferente sobre as possibilidades de conceptualização do problema dos custos sociais num quadro analítico centrado no conceito de "equilíbrio" (adotado pela abordagem convencional mas rejeitada por Kapp, para quem só uma análise em termos de *"processos de causalidade cumulativa"* faz sentido). Terceiro, a questão da dimensão do poder e da assimetria dos agentes, presente no trabalho de Kapp, por contraposição à ideia de transações voluntárias entre partes iguais num quadro de reciprocidade, defendida por Coase. Em seguida, a questão dos direitos. E, finalmente, a diferença porventura mais radical no que à análise económica diz respeito, cavando um fosso profundo entre os "modos de pensar" kappiano e convencional, o entendimento sobre a questão da valoração.

2.1. Eficiência "económica" vs. eficiência "social"

A análise tradicional dos custos sociais e a de Coase, apesar de todas as diferenças, têm um ponto fundamental em comum – conceberem os custos sociais como um problema de ineficiência na afetação de recursos.

Mesmo quando se admite, como faz Coase, que a perspetiva da eficiência não esgota a questão dos critérios de escolha e que «os problemas da economia do bem-estar devem, em última análise, dissolver-se num estudo da estética e da moral» (Coase, 1960: 43), tudo se resume, *na perspetiva do economista*, a decidir, tendo em vista evitar o dano mais grave, se o ganho derivado de prevenir o dano é maior ou menor do que a perda decorrente da ação visando a sua eliminação. As questões de eficiência e de equidade são mantidas em dois planos totalmente separados. Ao economista *qua* economista apenas a eficiência – os ganhos agregados ao nível da produção de bens – interessa.[16] As questões relativas à repartição

---

[16] Com Pigou, as preocupações com a eficiência e a equidade estavam ainda ambas presentes. Contudo, a questão da impossibilidade de comparação interpessoal das utilidades, suscitada por Robbins (1984 [1932]), viria a traduzir-se, com o desenvolvimento do critério de Kaldor-Hicks da melhoria potencial de Pareto no final dos

do rendimento e ao bem-estar social são do domínio ético, relativamente ao qual o economista não tem qualquer tipo de *expertise*.

Kapp rejeita uma tal conceção por a considerar estritamente formal, estática, parcial e incompleta. Vai mesmo ao ponto de a classificar como "vazia" e "ambígua" (Kapp, 1965: 305-306). Em seu entender, ela não fornece critérios minimamente adequados para a avaliação do grau de sucesso ou fracasso na solução do problema da *eficiência social*. Isto porque não toma em consideração (nem o pode fazer) o contexto institucional, a relevância das variáveis tempo (histórico) e espaço (social), as possibilidades de mudança institucional, ou as reais necessidades e requisitos básicos da vida humana. E porque, além disso, assume, erroneamente, uma falsa dicotomia entre fins "económicos" e "não económicos".

Toda a análise dos custos sociais de Kapp assenta na ideia de que o que importa é maximizar os benefícios da atividade económica – entendidos enquanto valores sociais – com um mínimo de custos sociais. Trata-se de um problema de eficiência *social*. Para Kapp, como para John M. Clark (2009 [1936]) antes dele, falar de eficiência social significa pensar o desempenho global da economia *do ponto de vista dos valores da sociedade*. Trata-se de uma visão eminentemente normativa, assente na afirmação da centralidade da vida humana como *valor primeiro* e inquestionável – um valor *absoluto* e não um valor de troca no mercado – e, em consequência, no entendimento de que a satisfação das necessidades humanas constitui o objetivo último da atividade económica (o único *fim* realmente

---

anos 1930, na separação estrita destes dois critérios normativos (ver Zerbe Jr., 2001). Progressivamente a profissão vai interiorizando a ideia (errada) de que a eficiência, ao contrário da equidade, pode ser pensada como isenta de valores. Como refere Bromley, «uma vez que a eficiência deriva da produção, que se considera que uma maior produção de bens e serviços não implica qualquer juízo de valor, e uma vez que a produção pode ser avaliada pelos preços de mercado – os quais por sua vez são considerados neutros –, a eficiência tornou-se sinónimo de análise objetiva» (Bromley, 1990: 93).

indiscutível). Daí decorre a imprescindibilidade de uma teoria substantiva das necessidades humanas (por contraposição à mera racionalidade formal da economia convencional) e da identificação de "condições de vida mínimas adequadas", "mínimos sociais" ou "níveis máximos toleráveis de disrupção" (conceitos cruciais no seu pensamento) – os indicadores objetivos de bem-estar em comparação com os quais, segundo Kapp, os custos sociais devem ser medidos.

Ainda assim, considera Kapp, tais indicadores não dispensam uma forte componente de deliberação coletiva e decisão política acerca dos valores e objetivos sociais a prosseguir.

2.2. Equilíbrio vs. causalidade cumulativa

A lógica da análise de Pigou, tal como a de Coase, está centrada no tradicional conceito de "equilíbrio".

Também neste aspeto a análise de Kapp representa um corte significativo com a tradição neoclássica. Para este autor, numa linha de pensamento inspirada em Veblen e Myrdal, os processos causais geradores dos custos sociais têm uma natureza circular e cumulativa. Isto, conjuntamente com o caráter aberto dos sistemas económicos, torna inadequada a análise linear de causa-efeito. Segundo Kapp, é imprescindível uma abordagem sistémica que atenda à natureza orgânica da realidade, à complexidade das relações de interdependência inerentes àqueles processos causais e dê conta das dinâmicas cumulativas da sua evolução.

2.3. Reciprocidade vs. Poder

Na análise de Coase, os custos sociais têm, como vimos, origem em conflitos de interesses. Não há, por um lado, agentes que causam o dano e, por outro, agentes que sofrem os efeitos das ações dos primeiros. A relação é *recíproca*. Ambas as partes são responsáveis pela resolução do problema. A atribuição legal de direitos de propriedade é crucial. Se os custos de transação forem nulos, a atribuição de direitos de propriedade torna o problema dos custos sociais suscetível de resolução pela via da negociação bilateral, qualquer que seja a atribuição inicial daqueles direitos. Não sendo nulos, tais direitos serão exercidos segundo a sua atribuição inicial, sendo esta então decisiva para o funcionamento do sistema económico.

Para Kapp, pelo contrário, os custos sociais decorrem de relações *assimétricas,* não tendo as partes envolvidas o mesmo grau de controlo sobre a situação nem a mesma capacidade de negociação. As pessoas afetadas não têm voz ou poder para exigir compensações num quadro de transações contratuais voluntárias entre partes iguais. O problema dos custos sociais radica, em seu entender, na própria lógica do sistema económico empresarial e só é resolúvel no contexto de uma alteração da estrutura institucional da economia.

2.4. *Direitos de Propriedade* vs. *Direitos Sociais*

Numa releitura da obra de Kapp, Maurizio Franzini (2006) defende que os custos sociais kappianos devem ser considerados como violações de direitos sociais básicos. Serão mesmo, em seu entender, o reverso desses direitos. Assim, será totalmente irrelevante se os danos causados pela ação de um agente, medidos pelas perdas de bem-estar por parte de quem os sofre, são maiores ou menores do que as vantagens que daí resultam para quem os produz (uma questão central, como vimos, no quadro da análise convencional das externalidades). Os custos sociais, como sublinha este autor, são violações de direitos sociais perpetradas pelo capitalismo, ocorram essas violações numa situação de eficiência de Pareto ou não. Os danos sociais, mesmo que inferiores aos ganhos das empresas, não deixarão de constituir uma violação de direitos sociais e não são, por esse facto, menos importantes. A questão dos custos sociais é, assim, recolocada num plano – o dos direitos sociais – substancialmente diferente do dos direitos de propriedade enfatizados por Coase.

2.5. A questão da valoração

No quadro da abordagem convencional, o problema dos custos sociais é, no fim de contas, como vimos, redutível a um problema de valoração. Coase foi, a esse respeito, de uma clareza cristalina. Trata-se de determinar o valor dos custos e benefícios com base na informação dada pelos preços de mercado e escolher a solução que maximiza os benefícios líquidos.

São sabidas as dificuldades práticas deste empreendimento, designadamente no que respeita à atribuição de valor aos bens não mercantis. Como o são as objeções filosóficas à monetarização geral da vida humana e a consciência de que, pelo menos para algumas coisas, a atribuição de um valor monetário é no mínimo questionável. Mas, para a maioria dos economistas, trata-se tão-somente da utilização, necessária e inevitável, de um *conveniente* padrão de medida, sem o qual a escolha racional é considerada impossível. Nas palavras de Pearce (1978: 3), «goste-se ou não, *qualquer* decisão *implica* uma valoração monetária».

Para Coase, os preços de mercado e, mais genericamente, a possibilidade de usar o padrão monetário estão no âmago da análise económica. É essa possibilidade que, em seu entender, lhe dá a vantagem, quando comparada com as outras ciências, para analisar o funcionamento do sistema económico (Coase, 1994 [1977]).

Para Kapp, porém, os custos sociais, tal como os benefícios sociais, têm de ser considerados como fenómenos extramercado (Kapp, 1970) e colocam um difícil problema de incomensurabilidade. Nas suas próprias palavras:

> [E]stamos a lidar com magnitudes e qualidades essencialmente heterogéneas para as quais não pode haver um denominador comum. Assim, se apesar disso as continuamos a representar num sistema único de coordenadas, criamos a falsa impressão de uma comensurabilidade que simplesmente não existe. [...] qualquer representação diagramática dos custos sociais e dos benefícios sociais parece ser altamente problemática se não mesmo logicamente inadmissível. (Kapp, 1983 [1965]: 37)

Critérios monetários como o princípio da disposição para pagar ou para aceitar uma compensação com base nos preços de mercado são inadequados para a avaliação dos custos sociais e consequente deliberação quanto ao curso de ação a seguir. Os preços gerados pelo mercado, na medida em que não refletem adequadamente a importância relativa das necessidades humanas, a escassez relativa dos fatores de produção e os reais custos totais de produção, são indicadores «não somente imperfeitos e incompletos, mas enganadores» (Kapp, 1970: 843-844).

É forçoso, pois, segundo Kapp, proceder à avaliação dos custos e benefícios em termos do valor que traduzem para a sociedade (*"value to society"*[17]). Preço de mercado e valor social estão longe de ser uma e a mesma coisa. Construir uma *teoria do valor social* constitui, para este autor, o problema central da teoria económica (Kapp, 1978 [1963]: 293). Tal exige, defende Kapp, a definição de critérios objetivos acerca do que é necessário e essencial à vida e à sobrevivência humanas – o seu referencial fundamental, como vimos acima – e uma nova contabilidade social.

3. Como lidar com o problema dos custos sociais?

Esta a questão prática a que não podemos deixar de tentar responder. A literatura económica convencional, na sequência dos trabalhos seminais de Pigou e Coase, aponta soluções diversas, desde as mais centradas na ação do Estado até soluções mais focadas no funcionamento dos mercados.

A tradição pigouviana assenta no uso de impostos e regulamentos diversos para resolver o problema das externalidades.[18] Coase,

---

[17] *"Value to society"* e não *"value in society"*, na feliz expressão de John M. Clark (2009 [1936]: 61), a quem Kapp foi buscar o conceito.

[18] Importa, contudo, ter em atenção que, como argumentou Medema (2010), o pensamento de Pigou é bem mais sofisticado do que sugere a vulgata de manual, fazendo uma clara distinção entre teoria e prática (cfr. Pigou, 1932 [1920], 1935).

por seu turno, tende a privilegiar as soluções baseadas no funcionamento dos mercados. Mas, importa sublinhá-lo, para Coase, não há uma resposta única e predeterminada para o problema. Várias opções de política estão disponíveis e nenhuma poderá ser considerada "a" solução ótima.

Uma coisa é certa. A solução não passará, segundo Coase, por comparar a situação real com uma situação ideal tomada como referência – uma espécie de "demanda do nirvana" tão ao gosto dos economistas convencionais –, mas pela adoção de uma *análise institucional comparativa* visando a escolha do arranjo social mais adequado. Ou seja, o procedimento será partir de uma situação próxima da que *realmente* existe e compará-la com a que resultaria de uma mudança de política. Podemos, desse modo, verificar se a nova situação «seria, globalmente, melhor ou pior do que a original» (Coase, 1960: 43). O critério de escolha, como já referido, deverá ser *a maximização do produto social total gerado pelos diferentes arranjos institucionais possíveis*. Isto implica, como sublinhou Coase, «um estudo paciente de como, na prática, o mercado, as empresas e os Estados lidam com o problema dos efeitos nocivos» (1960: 18).

A solução mais amplamente associada a Coase (e, com certeza, a sua preferida) é confiar no funcionamento do mecanismo de mercado (mesmo se no mundo real as melhorias conseguidas e o "ótimo" não coincidem). Em várias ocasiões, Coase mostrou esta sua preferência. No entanto, como também observou, esta é uma solução viável apenas quando os benefícios líquidos da realocação dos direitos excedem os custos de transação associados. Outras alternativas devem, pois, ser exploradas. O próprio Coase sugeriu as seguintes possibilidades (Coase, 1959: 18 e 29, 1960: 16-18, 1970a: 38-40. Ver também Medema, 2009: 115-117):

i) *Internalização* de custos das atividades relevantes através da integração vertical das empresas sob um controle único. Evidentemente, isto só seria viável nos casos em que as "externalidades" envolvam exclusivamente relações entre produtores e seria inferior à solução assente no mercado nos casos em que os custos administrativos associados à organização das empresas são relativamente elevados.

ii) *Regulação estatal direta*, impondo o que as pessoas devem ou não fazer. É uma solução considerada adequada quando um grande número de pessoas está envolvido, como no caso da poluição. Neste caso, o Estado pode impor a instalação de dispositivos de prevenção da poluição ou regulamentos restritivos e de zonamento. Tal como em todos os outros mecanismos, os benefícios desta solução deverão ser confrontados com os seus custos. Embora o Estado possa beneficiar da sua posição de poder, e, em alguns casos, possa produzir soluções melhores do que o mercado, esta solução não estará livre de problemas. Coase menciona os custos administrativos (algumas vezes substanciais), as pressões políticas, a falta de seleção competitiva e a informação incompleta. Na opinião de Coase, a regulação direta pelo Estado está longe de ser um mecanismo que garanta a eficiência económica.

iii) Finalmente, *não fazer nada*. Dada a omnipresença das "externalidades" no mundo real e os problemas encontrados nas soluções já mencionadas – soluções assentes no mercado, na empresa ou na intervenção do Estado –, Coase sugere que os ganhos da regulação pública serão frequentemente inferiores aos custos envolvidos nessa regulação. Como tal, dever-se-á estar «disposto a aceitar uma boa parte das imperfeições dos nossos arranjos sociais porque os custos envolvidos na sua eliminação seriam mais elevados do que os ganhos obtidos» (Coase, 1970a: 40). Não fazer nada poderá ser assim, segundo Coase, a melhor opção.

Para Kapp, como vimos, o problema é mais complexo e não se resume à adoção de soluções *a posteriori*. O esquema da Figura 2-1 procura ilustrar o seu raciocínio. Parece evidente que, no entender de Kapp, a resolução do problema dos custos sociais, mais do que um problema "técnico" de determinação de soluções ótimas, é político. Os objetivos sociais e as metas a atingir devem ser coletivamente (e politicamente) determinados. Os custos sociais são, acima de tudo, um problema de organização institucional da economia. Constituem um problema coletivo cuja resolução exige respostas coletivas.

Tal não elimina, obviamente, a necessidade de um trabalho técnico de definição de critérios objetivos, "cientificamente determinados" e validados empiricamente, acerca do que é necessário e essencial à vida e à sobrevivência humanas (Kapp, 1969: 335-6) – os "mínimos sociais" – e a construção de indicadores sociais e ecológicos ou, mais genericamente, de um novo sistema global de contas sociais (uma nova contabilidade social), indispensável para a definição dos objetivos e escolha dos cursos de ação a seguir.

Contudo, em última instância, a minimização dos custos sociais implicará controlos sociais *ex ante* alicerçados na definição (política) de prioridades e na resolução de conflitos de interesses e necessidades conflituantes através de processos de deliberação coletiva e escolha democrática. O controlo social *ex ante* dos custos sociais, através de um planeamento democrático da economia, assente na definição de "mínimos sociais" e na adoção de um princípio de precaução em situações de incerteza – e não medidas corretivas *ex post* –, é, na perspetiva de Kapp, a forma adequada de lidar com os custos sociais.

FIGURA 2-1
Como lidar com os custos sociais? A perspetiva de Kapp

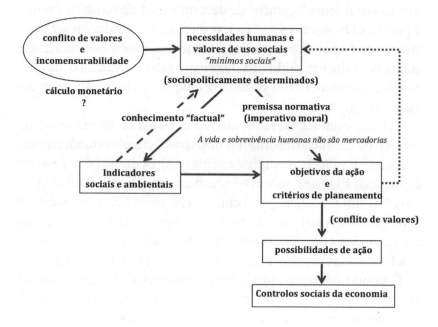

Conclusão

Os mercados – e os preços que eles geram – constituem um poderoso mecanismo de coordenação económica. Mas, como terá ficado claro neste texto, as suas limitações são consideráveis. Os custos da mais diversa ordem "externalizados" pelas empresas no quadro do capitalismo contemporâneo, sem qualquer repercussão no mecanismo de preços e nas decisões de afetação de recursos, são um exemplo particularmente impressivo dessas limitações.

Para a maioria dos economistas, trata-se, sem dúvida, de um problema económico relevante – o problema das externalidades, como é em geral designado na literatura económica convencional – a exigir uma resposta ao nível da definição das políticas públicas. Como se viu também, as soluções apontadas são diversas. Nalguns casos, privilegia-se a ação pública, como acontece no caso dos chamados impostos pigouvianos ou de regulamentação da atividade económica privada; noutros, soluções assentes na definição de direitos de propriedade e na criação de mercados, como é o caso bem conhecido dos mercados de licenças de emissão de CO_2. Contudo, para estes economistas, as "externalidades" não põem em causa os fundamentos teóricos básicos da análise económica tradicional, designadamente o cálculo económico baseado nos preços de mercado ou a análise da eficiência assente no ótimo de Pareto.

Muito diferente, como vimos, é a abordagem dos custos sociais desenvolvida por K. William Kapp. Para este autor, estes custos constituem um problema económico fundamental e inevitável nas economias capitalistas.

Poder-se-á argumentar, contudo, que no caso dos grandes investimentos públicos é a própria ação do Estado que, em grande medida, gera os custos sociais. A experiência comunista do leste europeu, com o seu enorme passivo ambiental, é um bom exemplo. A questão é particularmente relevante quando se discutem investimentos públicos como os feitos em grandes infraestruturas (aeroportos, barragens, etc.). O próprio Kapp reconheceu a importância do problema ao admitir que o planeamento económico e a atuação do setor público nas economias "mistas" poderiam ser, eles próprios, geradores de custos sociais. Considerou, por isso, poder ser necessária uma redefinição do conceito de custos sociais para incluir os danos e efeitos nocivos de todas as decisões económicas, quer privadas, quer públicas, e não apenas os custos ligados ao sector empresarial privado (Kapp, 1983 [1965]: 10). O que parece ser relevante, na perspetiva de Kapp, é a *lógica* da decisão. No caso da ação do Estado, a questão residirá em saber em que medida ela é capturada por interesses privados e obedece a uma lógica de decisão assente em critérios mercantis ou visa a satisfação das necessidades sociais.

Se os custos sociais têm a sua origem numa lógica intrínseca à economia capitalista, a solução para o problema terá de transcender essa mesma lógica.

Como escrevem os organizadores de *Social Costs and Public Action in Modern Capitalism*:

> Ao concentrar-se no mercado como a única economia possível, a teoria formal implicitamente favorece aqueles interesses económicos e sociais que mais têm a ganhar com um mercado [socialmente] desincrustado. [...] Os objetivos sociais devem ser uma prioridade para a economia, e a economia deve ser o meio para os realizar, em vez de uma restrição. O desempenho da economia deve ser avaliado em termos dos objetivos sociais que ela pode realmente alcançar. (Elsner *et al.*, 2006: 8)

É um exercício complexo e difícil, mas que indubitavelmente vale a pena empreender.

Referências bibliográficas

Bromley, Daniel (1990), "The Ideology of Efficiency: Searching for a Theory of Policy Analysis", *Journal of Environmental Economics and Management*, 19(1), 86-107. Doi http://dx.doi.org/10.1016/0095-0696(90)90062-4

Clark, John M. (2009 [1936]), *Preface to Social Economics: Economic Theory and Social Problems*. New Brunswick: Transaction Publishers.

Coase, Ronald (1959), "The Federal Communications Commission", *The Journal of Law & Economics*, 2, 1-40. Versão eletrónica disponível em http://www.jstor.org/stable/724927

Coase, Ronald (1960), "The Problem of Social Cost", *The Journal of Law & Economics*, 3, 1-44. Versão eletrónica disponível em http://www.jstor.org/stable/724810

Coase, Ronald (1970a), "Social Cost and Public Policy", *in* George Edwards (org.), *Exploring the Frontiers of Administration: Six Essays for Managers*. Toronto: York University Faculty of Administration Studies, Bureau of Research, 33-44.

Coase, Ronald (1970b), "Discussion", in *The Legal and Economic Aspects of Pollution*. Chicago: The University of Chicago Center for Policy Study, 1-34.

Coase, Ronald (1994 [1977]), "Economics and Contiguous Disciplines", *in* Ronald Coase, *Essays on Economics and Economists*. Chicago: The University of Chicago Press, 34-46.

Elsner, Wolfram; Frigato, Pietro; Ramazzotti, Paolo (eds.) (2006), *Social Costs and Public Action in Modern Capitalism: Essays inspired by Karl William Kapp's theory of social costs*. Londres: Routledge.

Elsner, Wolfram; Frigato, Pietro; Ramazzoti, Paolo (eds.) (2012), *Social Costs Today: Institutional analyses of the present crises*. Londres: Routledge.

Fernandes, Abel Costa (2011), *Economia Pública – Eficiência Económica e Teoria das Escolhas Colectivas*. Lisboa: Edições Sílabo [2.ª edição].

Franzini, Maurizio (2006), "Social costs, social rights and the limits of free market capitalism: a re-reading of Kapp", *in* Wolfram Elsner, Pietro Frigato e Paolo Ramazzoti (eds.), *Social Costs and Public Action in Modern Capitalism: Essays inspired by Karl William Kapp's theory of social costs*. Londres: Routledge, 56-71.

Kapp, K. William (1963), "Social Costs and Social Benefits – A Contribution to Normative Economics", *in* Erwin Beckerath e Herbert Giersch (orgs.), *Probleme der normativen Ökonomik und der wirtschaftspolitischen Beratung*. Berlim: Duncker & Humblot, 183-210.

Kapp, K. William (1965), "Social Economics and Social Welfare Minima", *in* T.K.N. Unnithan *et al.* (eds.), *Towards a Sociology of Culture in India, Essays in Honor of Dr. D. P. Mukerji*. Nova Deli: Prentice Hall of India, 197-309. Versão eletrónica consultada a 9.03.2011, em http://www.kwilliam-kapp. de/documents/INDIAPDF.pdf

Kapp, K. William (1969), "On the Nature and Significance of Social Costs", *Kyklos*, 22(2), 334-347. Doi: http://dx.doi.org/10.1111/j.1467-6435.1969. tb02538.x

Kapp, K. William (1970), "Environmental Disruption and Social Costs: a Challenge to Economics", *Kyklos*, 23(4), 833-848. Doi: http://dx.doi.org/10.1111/j.1467-6435.1970.tb01047.x

Kapp, K. William (1976), "The Open-System Character of the Economy and its Implications", *in* K. Dopfer (ed.), *Economics in the Future*. Londres: The Macmillan Press, 90-105.

Kapp, K. William (1977), "Environment and Technology: New Frontiers for the Social and Natural Sciences", *Journal of Economic Issues*, 11(3), 527-540. Versão eletrónica disponível em http://www.jstor.org/stable/4224616

Kapp, K. William (1978 [1963]), *The Social Costs of Business Enterprise*. Nottingham: Spokesman.

Kapp, K. William (1983 [1965]), *Social Costs, Economic Development and Environmental Disruption*. Lanham, MD: University Press of America. Versão eletrónica consultada a 13.08.2012, em http://www.kwilliam-kapp.de/documents/SC-EcoDev-EnvDisruption.pdf

Medema, Steven (1994), *Ronald H. Coase*. Londres: Macmillan.

Medema, Steven (1996), "Of Pangloss, Pigouvians and Pragmatism: Ronald Coase and Social Cost Analysis", *Journal of the History of Economic Thought*, 18(1), 96-114. Doi: http://dx.doi.org/10.1017/S1053837200002972

Medema, Steven (2009), *The Hesitant Hand: Taming Self-Interest in the History of Economic Ideas*. Princeton: Princeton University Press.

Medema, Steven (2010), "Pigou's 'Prima Facie Case': Market Failure in Theory and Practice", *in* Roger E. Backhouse e Tamotsu Nishizawa (orgs.), *No wealth but life: Welfare economics and the welfare state in Britain, 1880--1945*. Cambridge: Cambridge University Press, 42-61.

Patel, Raj (2011), *The Value of Nothing: How to Reshape Market Society and Redefine Democracy*. Londres: Portobello Books.

Pearce, David (1978), "Introduction", *in* David Pearce (org.), *The Valuation of Social Cost*, Londres: George Allen & Unwin, 1-7.

Pigou, Arthur C. (1932 [1920]), *The Economics of Welfare*. Londres: Macmillan. Versão eletrónica consultada a 15.01.2012, em http://www.econlib.org/library/NPDBooks/Pigou/pgEWCover.html

Pigou, Arthur C. (1935), "State Action and Laisser-Faire", in *Economics in Practice: Six Lectures on Current Issues*. Londres: Macmillan, 107-128.

Robbins, Lionel (1984 [1932]), *An Essay on the Nature and Significance of Economic Science*. Londres: MacMillan [3.ª ed.].

Zerbe Jr., Richard (2001), *Economic Efficiency in Law and Economics*, Cheltenham: Edward Elgar.

CAPÍTULO 3
PÔR UM PREÇO NA NATUREZA PARA A PRESERVAR?
CONTRADIÇÕES, DILEMAS E CONFLITOS EM TORNO
DA EXTRAÇÃO DE PETRÓLEO NO EQUADOR

RICARDO COELHO

> *Hoje em dia as pessoas sabem o preço de tudo e o valor de nada.*
> OSCAR WILDE, O retrato de Dorian Gray

> *As melhores coisas na vida não têm preço.*
> Anúncio da Mastercard

Introdução
A história do Equador está ligada à história do petróleo desde que, em 1972, este país se tornou exportador de petróleo. Já nos anos 1940, a Shell Oil tinha realizado operações de prospeção na Amazónia, mas a petrolífera abandonou o Equador em 1950, alegando que o petróleo encontrado era demasiado denso para que a sua extração fosse rentável. A concessão dada à Texaco-Gulf em 1964 abriu de novo a Amazónia à prospeção e exploração petrolífera. Depois do golpe militar de 1972, que levou à nacionalização deste recurso e à criação da Empresa Estatal Petrolifera Equatoriana (hoje Petroequador), o país passou a assumir um maior controlo sobre as operações de extração que se tornaram numa fonte de receita cada vez mais importante (Villaverde *et al.*, 2005).

A crise petrolífera de 1973 resultou num aumento exponencial do preço do crude (de 2,5 dólares por barril em 1972 para 13,7 dólares em 1974), o que permitiu um crescimento da economia do Equador de 8% em média até 1981, ano em que uma queda dos preços precipitou uma crise da dívida externa. O Equador passou então por uma sucessão de reformas liberalizadoras e de investimentos em infraestruturas de apoio à exploração de petróleo, como oleodutos, e a sua economia tornou-se cada vez mais dependente do petróleo. Apesar do crescimento económico propiciado pela exportação de petróleo, a taxa de pobreza não parou de crescer, superando os 70% no final do século xx (Acosta, 2000). Além disso, a população residente em torno dos blocos petrolíferos teve de suportar a degradação ambiental e a invasão de territórios ancestrais de povos indígenas (Kimerling, 1993).

A dependência da exploração de petróleo envolve evidentes conflitos de valores. Por um lado, a indústria extrativa pode ser vista como uma fonte de receitas necessária para o Equador reduzir os níveis de pobreza e desenvolver-se, muito embora a sua história siga a de tantos outros países que sofrem da chamada "maldição dos recursos"[1] (Auty, 1993). Por outro, a extração de petróleo tem um custo ambiental pesado, que não se limita aos impactos imediatos, mas que se estende à contribuição da queima de petróleo para as alterações climáticas. Acresce que a atividade extrativista tem sido acompanhada de vários abusos de direitos humanos, em particular contra povos indígenas.

Estes conflitos de valores podem ser encarados de duas formas distintas. Se for assumida a comensurabilidade entre o valor económico da exploração petrolífera, os valores ambientais e os direitos humanos das populações afetadas, a questão resume-se a pôr num prato da balança o primeiro valor e os restantes valores no outro para verificar para qual dos lados pende o desequilíbrio. Se a comensurabilidade destes valores for rejeitada, os prós e contras da exploração de petróleo têm de ser considerados de uma

---

[1] A tese da "maldição dos recursos" baseia-se na constatação de que países com maior abundância de recursos naturais tendem a ter um crescimento económico inferior ao de países com menor abundância de recursos naturais.

forma que não implique o estabelecimento de equivalências através da sua redução a uma métrica comum.

Quem defende a incomensurabilidade entre a conservação da natureza ou o respeito pelos direitos humanos e a prosperidade económica, contudo, é frequentemente confrontado com situações em que o uso de valores monetários pode contribuir para reduzir a poluição para níveis considerados aceitáveis, penalizar o crime ambiental ou o abuso de direitos humanos, ou, ainda, para recompensar a conservação da natureza. Será, então, uma contradição defender o uso de valores monetários para corrigir, evitar ou remediar algum dano ambiental e, simultaneamente, defender que a natureza não tem preço? Em caso afirmativo, será esta contradição superável de uma forma que não seja criticável como oportunista ou hipócrita?

Neste capítulo, pretendo defender que a resposta a estas duas questões depende do contexto e do significado atribuído aos valores monetários usados. Nesse sentido, distancio-me de Kallis *et al.* (2013) que respondem positivamente a estas duas questões, apresentando uma grelha normativa de suposta aplicação universal que, baseada em critérios não justificados com qualquer outro argumento que não o das suas preferências, permitiria determinar quando é adequado ou não recorrer à valoração monetária para proteger a natureza. Pretendo antes responder negativamente à primeira pergunta e positivamente à segunda, partindo não de critérios normativos descontextualizados mas antes de uma análise da construção social dos significados do dinheiro que permite diferenciar entre preços, enquanto valores monetários usados em transações mercantis, e outros valores monetários usados em transações não mercantis.

Na primeira secção deste capítulo, apresenta-se uma análise do recurso a valorações monetárias para a proteção da natureza, diferenciando entre transações, restituições, reparações e recompensas. Na segunda secção, apresenta-se uma história dos conflitos ambientais e sociais associados à extração de petróleo no Equador. Na terceira secção, analisa-se o caso do conflito legal entre a Texaco e as vítimas da contaminação provocada por esta petrolífera, averiguando o significado dos valores monetários usados no processo judicial, enquanto na quarta secção se analisa o caso da iniciativa Yasuní-ITT, expondo a ambiguidade em torno do valor monetário que o Equador pediu à comunidade internacional como contrapartida ou recompensa pela não extração de petróleo num território ancestral de povos indígenas com elevado valor ambiental. No final, apresenta-se a conclusão.

1. Significados do dinheiro: preços *vs.* valores monetários não mercantis

O uso de valores monetários para a proteção da natureza é inevitavelmente controverso. Parece contraditório alguém, por um lado, defender que a natureza não tem preço e, por outro, defender que os poluidores devem pagar pelo dano ambiental que causam. Até que ponto esta contradição é real e se traduz numa incoerência depende do significado dos valores monetários em causa. Entendendo o preço como um valor monetário usado numa transação comercial, isto é, como uma métrica para uma operação de compra e venda, torna-se claro que nem todos os valores monetários são preços.

A distinção entre os diversos significados do dinheiro é ignorada pela Economia Ambiental, para a qual a atribuição de preços à natureza nunca é problemática. A resolução dos conflitos entre a preservação do ambiente e o desenvolvimento das forças produtivas é sempre resolvida com o recurso à compensação económica, entendida como o montante necessário para restaurar o bem-estar dos agentes económicos prejudicados pela degradação ambiental (seguindo o chamado critério de compensação de Kaldor-Hicks). A compensação económica é sempre possível, pelo que a decisão sobre a implementação de medidas ou investimentos que provoquem dano ambiental pode ser baseada numa análise custo-benefício (Atkinson e Mourato, 2008).

A aplicação deste critério à política ambiental assume implicitamente a perfeita comensurabilidade dos valores. Assim, quando um agente económico, para obter um ganho, provoca um dano ambiental que reduz o bem-estar social, deve verificar-se se o ganho obtido permitiria compensar as vítimas do dano. Se for este o caso, considera-se que, apesar do dano ambiental causado, o bem-estar social aumentou ou, pelo menos, não diminuiu. Inversamente, se um agente económico prescinde de um ganho para aumentar o bem-estar social, deve verificar-se se o aumento do bem-estar social permitiria compensar o agente pela sua perda.

Mais especificamente, a aplicação do critério da compensação económica às políticas ambientais implica a definição de preços para todos os elementos que cabem na categoria "natureza", incluindo as funções desempenhadas pelos ecossistemas, concebidos como bens e serviços ambientais. Assim, o conflito entre o benefício económico e o prejuízo ambiental da extração de petróleo num país como o Equador poderia ser resolvido por uma análise custo-benefício que tivesse em conta o ganho económico, por um lado, e o valor dos bens e serviços ambientais afetados, por outro.

Esta visão da relação entre economia e natureza é central para os teóricos do "capitalismo verde", que procuram gerir as contradições entre a expansão das forças de produção e a conservação da natureza com uma racionalidade própria das normas de contabilidade e de gestão empresarial (ver, por exemplo, Hawken *et al.*, 1999). Mas a necessidade de colocar um preço na natureza é também partilhada pelos que Spash (2009) designa de "novos pragmatistas ambientais", isto é, ambientalistas e economistas ecológicos que, embora tenham uma visão crítica da ortodoxia económica e até vejam como verdadeira a proposição de que a natureza não tem preço, veem a atribuição de um preço à natureza como um "mal necessário" para garantir a sua conservação numa economia de mercado.

A cedência ao critério da compensação económica traduz-se frequentemente na contradição de, em privado, defender a incomensurabilidade entre valores como a conservação da natureza e a prosperidade material, e, em público, promover a comensuração entre um dado serviço ambiental (como a conservação de uma espécie ou o sequestro de carbono) e o dinheiro. Esta contradição torna-se óbvia quando um instrumento de comensuração como a análise custo-benefício é usada de forma estratégica, com os "novos pragmatistas ambientais" a participar na sua elaboração, transitando da recusa de pôr um preço na natureza para a tentativa de inflacionar, tanto quanto possível, o preço da natureza. Assim, o "pragmatismo político" traduz-se no paradoxo de alguém calcular um preço para algo que não pretende vender (Spash, 2008).

Não calcular um preço para a natureza implica estabelecer uma relação não mercantil com a mesma, o que pode configurar uma recusa racional e adequada à extensão das fronteiras do mercado inerente ao uso de preços (O'Neill, 2007). Em contrapartida, o uso da análise custo-benefício para resolver conflitos de valor quando está em causa a proteção da natureza implica necessariamente colocar um preço na natureza, isto é, pressupõe uma relação mercantil do decisor com a natureza que a coloca no papel de fornecedora de bens e serviços comercializáveis.

Como conciliar, então, a rejeição de uma relação mercantil com a natureza com o uso de valores monetários na política ambiental? Parece claro à partida que, na ausência de uma relação mercantil, o uso do termo "compensação" pode assumir um significado distinto e não se configura como adequado interpretar o valor da compensação como um preço, embora a existência de um valor monetário associado à compensação tenha por base um processo social de comensuração (Espeland e Stevens, 1998). Adicionalmente, há casos em que o valor monetário em causa não é compensatório de todo, tal como no caso de uma multa aplicada a um poluidor por um crime ambiental, fixada no valor considerado suficientemente elevado para servir como dissuasor do crime no futuro.

Um primeiro exemplo de valores monetários que não se traduzem em preços pode ser encontrado na forma como os tribunais lidam com casos de dano ambiental. Mesmo que a sentença siga parcialmente um modelo mercantil, com o valor da indemnização fixada pelo tribunal baseada num cálculo do preço dos bens e serviços ambientais afetados, o valor monetário da indemnização não pode ser entendido como um preço, dado que o tribunal não está a declarar que as vítimas do dano ambiental são inteiramente compensadas ao receber a indemnização nem que o valor pago pelo prevaricador o exime da culpa ou consagra o direito de causar um dano. Nesse sentido, uma indemnização fixada em tribunal *ex post*, no seguimento de um dano ambiental, não tem o mesmo significado que um preço pago *ex ante* pela compra do direito de causar dano ambiental.

Sendo assim, não se pode inferir do uso de valores monetários pelos tribunais em casos de dano ambiental qualquer equivalência entre estes valores e os preços estimados em análises custo-benefício. O tribunal não segue o critério de compensação económica porque assume que o pagamento de uma indemnização não restaura o bem-estar das vítimas, não legitima o crime e não atribui ao causador de dano o direito de repetir o crime no futuro (Heinzerling e Ackerman, 2004).

A aplicação de um modelo de justiça corretiva em casos de dano ambiental não depende do cálculo de preços. O pagamento de uma indemnização pelo causador do dano às vítimas pode ser visto como uma restituição, que visa restaurar o *statu quo* prévio ao dano ou uma situação de valor moral equivalente, e/ou como uma reparação, que visa simbolizar o respeito pelos direitos das vítimas que foram desrespeitados pelo causador do dano (Radin, 1993).

Neste sentido, não existe qualquer contradição em casos como o de *Aguinda y otros contra Chevron Texaco Corp.* (CPJS, 2011), examinado na secção 3, em que os queixosos exigem o pagamento de uma indemnização pelo dano ambiental causado pela empresa petrolífera, sem, contudo, abandonarem a recusa de pôr um preço na natureza. Entendendo a compensação judicial não como uma compensação económica mas como um pagamento que reforça compromissos morais em relação à proteção da natureza, os tribunais não estão a categorizar a natureza como uma mercadoria, mesmo que usem técnicas de avaliação económica do ambiente para determinar o valor da compensação (Radin, 1993).

Casos em que uma ação de conservação do ambiente é recompensada monetariamente oferecem um segundo exemplo de valores monetários com significados diversos. A ideia de que a conservação do ambiente deve ser vista como uma mercadoria está na base dos chamados "pagamentos por serviços ecossistémicos". Nesta visão, os pagamentos são realizados com base no preço calculado para o serviço ambiental prestado e são conceptualizados como um incentivo à continuidade do fornecimento deste serviço (Engel *et al.*, 2008).

Mas é também possível recompensar a conservação da natureza sem a conceptualizar como um serviço e sem recorrer ao cálculo de preços. No lugar de um pagamento, temos uma recompensa, baseada em noções de justiça que implicam uma reciprocidade entre quem beneficia do bem comum que é a conservação da natureza e quem contribui para a proteção desse bem comum (Vatn, 2010). A iniciativa Yasuní-ITT, analisada na secção 4, seguiu inicialmente este modelo, não se baseando na fixação de um preço para a natureza.

Os dois exemplos mostram como é possível conciliar a recusa em pôr um preço na natureza com o uso de valores monetários na proteção ambiental, pelo que os casos respetivos serão analisados em detalhe nas duas secções que se seguem.

2. Ambiente, direitos humanos e petróleo: história de um conflito

O Parque Nacional Yasuní foi criado em 1979, ano em que o Equador voltou a ser uma democracia, depois de sete anos de ditadura militar. O parque cobria 6797 km² entre o rio Tiputini e o Conocaco, na interseção da Amazónia e dos Andes. Dados os conflitos entre a conservação da natureza e a exploração de petróleo, as suas fronteiras foram alteradas em 1990, tendo sido reduzida a sua área a este, sul e oeste, para permitir a expansão de atividades de extração de petróleo e a criação de uma reserva indígena. Em 1992, o Parque foi ampliado, sobretudo para sul, tendo aumentado a sua área para 9820 km². Atualmente é a maior área protegida do Equador (Villaverde *et al.*, 2005; Finer *et al.*, 2010).

A investigação científica realizada no Parque Nacional Yasuní mostra que é um dos locais do planeta com maior biodiversidade. A riqueza de espécies conhecidas de anfíbios, aves e mamíferos, assim como de árvores, é a maior no mundo. A herpetofauna (anfíbios e répteis) é a mais biodiversa conhecida no mundo e o número de espécies de morcegos identificadas está entre os mais altos valores registados mundialmente. Dados preliminares em relação a insetos indicam também que o Yasuní poderá registar a maior diversidade a nível mundial. Estima-se que 86 espécies animais e vegetais em risco se encontram neste parque e que o número de espécies endémicas (únicas do ecossistema das Florestas Húmidas de Napo, onde se inclui o Yasuní) pode atingir 220 a 720 para espécies vegetais, tendo-se registado ainda 43 vertebrados endémicos (Bass *et al.*, 2010).

Contígua ao Parque Nacional Yasuní encontra-se a Reserva Étnica Waorani, criada em 1990 no seguimento da redução da área do Parque. Esta reserva, com 6126 km², incorpora territórios ocupados por comunidades indígenas waorani, tradicionalmente formadas por uma população nómada de horticultores-caçadores-recolectores (Rival, 1999). O governo equatoriano manteve sempre uma política ambígua em relação à governação do território, tendo, por um lado, reconhecido a soberania dos waorani mas, por outro, mantido os direitos de exploração do subsolo, impedindo as comunidades indígenas de travar a extração de petróleo nas suas terras (Finer *et al.*, 2010).

O povo waorani tem um longo historial de resistência violenta à entrada no seu território de pessoas vindas de fora. Quando, nos anos 1940, a petrolífera Royal Dutch Shell pretendeu iniciar atividades de prospeção de petróleo em território waorani, vários trabalhadores foram mortos pelos indígenas, tendo a petrolífera abandonado o território em 1950, alegando que o petróleo encontrado era de fraca qualidade. Nos anos 1950 e 1960, vários missionários envolvidos num trabalho "civilizador" dos indígenas, que resultou na concentração de 80% da população waorani num pequeno "protetorado", efetivamente facilitando a exploração petrolífera nos territórios abandonados (Ziegler-Otero, 2004), foram mortos por waorani. Este esforço de "pacificação" dos waorani foi ativamente apoiado pela Texaco, como resposta aos constantes ataques às suas operações (Kimerling, 2005). A cultura guerreira dos waorani estende-se também a conflitos dentro das próprias comunidades indígenas, tendo este povo o mais elevado índice de homicídios registado entre sociedades indígenas (Beckerman *et al.*, 2009).

Entre os waorani há pelo menos duas comunidades que vivem em isolamento voluntário, conhecidas coletivamente como Tagaeri e Taromenane, sobre as quais se sabe muito pouco, por se terem refugiado em partes remotas da Reserva Étnica Waorani e atacarem mortalmente quem entrar no seu território. Em resposta a uma deliberação da Comissão Interamericana de Direitos Humanos, em 1997, que reconheceu os direitos destas comunidades, o governo do Equador criou em 1999 a zona intangível, nas quais operações de extração de petróleo e de abate de árvores passaram a estar interditas. Os limites desta zona intangível, contudo, apenas foram estipulados em 2007, ficando a cobrir a metade a sul do Parque Yasuní e parte da Reserva Étnica Waorani. Cinco blocos petrolíferos encontram-se parcialmente dentro da zona intangível, incluindo o ITT (Martin, 2011).

Conjuntamente, o Parque Nacional Yasuní e a Reserva Étnica Waorani formam uma Reserva do Homem e da Biosfera da UNESCO. A Reserva, criada em 1989, representa um reconhecimento internacional da importância que a área tem para a conservação da natureza e a proteção dos direitos de comunidades indígenas. Na sua descrição, a UNESCO afirma que a extração de petróleo «afeta as práticas sociais das comunidades locais e o ecossistema natural»[2] (UNESCO, 2013).

A nota da UNESCO é relevante, dada a importância da extração de petróleo para a economia equatoriana e os problemas ambientais e sociais associados.

A história da extração de petróleo no Equador está ligada à da petrolífera Texaco desde que esta, em 1967, descobriu petróleo com valor comercial em Lago Agrio, o primeiro campo petrolífero do país, em consórcio com a Gulf Oil. O consórcio foi abalado quando, em 1972, a ditadura, que tinha aberto as portas à entrada de capital estrangeiro na exploração de petróleo, foi destituída por um golpe militar nacionalista. As pretensões do novo governo no sentido de aumentar o controlo nacional sobre o negócio de extração de recursos conduziram à criação da empresa pública CEPE (hoje Petroecuador), que adquiriu a parte da Gulf Oil no consórcio em 1976. A Texaco passou a deter uma parte minoritária no consórcio, através da sua subsidiária Texpet, mas manteve a responsabilidade pelas operações nos campos petrolíferos (Joseph, 2012).

O Equador torna-se um país exportador de petróleo em 1972, graças à construção de um oleoduto de 500 km, ligando a Amazónia

---

[2] Esta e as restantes traduções neste capítulo são da responsabilidade do autor.

ao Oceano Pacífico, com passagem pelos Andes. A empresa responsável pela obra foi a Texaco, que desta forma se tornou a operadora do oleoduto e dos campos petrolíferos até 1992, data em que a sua concessão foi terminada e a sua parte do consórcio transferida para a Petroecuador. Durante este período de tempo, o consórcio Texaco-Petroecuador explorou 339 poços de petróleo, tendo extraído 1,5 mil milhões de barris (Kimerling, 2005).

A extração de petróleo pela Texaco foi realizada num vazio legal que permitiu à empresa uma grande discricionariedade na criação e monitorização de normas ambientais. Além disso, a Texaco desrespeitou sistematicamente as leis de proteção da natureza equatorianas existentes (Kimerling, 1995).

Ao atribuir à Texaco um quase total controlo sobre as operações nos campos petrolíferos, o governo equatoriano permitiu que a empresa transferisse os custos sociais da sua atividade para as populações locais. As estradas construídas pela petrolífera foram pulverizadas com petróleo bruto e os resíduos tóxicos da extração de petróleo e da manutenção de equipamentos, incluindo água contaminada com petróleo, foram despejados no meio ambiente sem qualquer tratamento. Estima-se que os rios em torno das plataformas petrolíferas foram contaminados com um total de 73 mil milhões de litros de águas residuais da atividade petrolífera. Adicionalmente, o gás natural captado como subproduto da extração de petróleo era queimado, resultando em emissões de gases com efeito de estufa, partículas, precursores de chuvas ácidas e outros poluentes (Kimerling, 1993).

A poluição da água levou à morte de peixes e outras espécies aquáticas nos rios e teve um impacto fortemente negativo na saúde das pessoas que as consumiam. Às descargas de tóxicos acrescem os derrames provocados por falhas nos oleodutos, que frequentemente duravam dias. Estima-se que cerca de 64 milhões de litros de petróleo foram derramados durante o período em que a Texaco operou os oleodutos. A empresa nunca investiu na limpeza das áreas contaminadas, nem tentou de alguma forma compensar as populações afetadas (Kimerling, 1993).

Um estudo realizado em 1998 mostrava já, nos rios que entram no Parque Nacional Yasuní, níveis de contaminação por hidrocarbonetos, águas de formação e metais pesados muito acima dos máximos permitidos na União Europeia (Villaverde et al., 2005). À poluição da água e dos solos acresce a degradação ambiental indireta, resultante da abertura de estradas para a exploração de petróleo na Amazónia, que facilitou a expansão de atividades de agricultura, pecuária e caça, além das atividades madeireiras. Como resultado, a taxa de desflorestação do Equador é a mais alta da América Latina (FAO, 2011).

A criação da chamada Via Auca (nome depreciativo dado pelos indígenas kichwa aos waorani, que se pode traduzir como selvagem), construída pela Texaco no início dos anos 1980, permitiu a expansão da colonização e desflorestação na área em redor, pondo em risco a vida selvagem (Zapata-Rios et al., 2006). Outra grande estrada, a Via Maxus, foi criada em 1992 pela Maxus Ecuador Inc. (hoje uma subsidiária da petrolífera argentina YPF), com controlos de entrada rigorosos de forma a impedir a entrada de colonos e madeireiros e assim evitar os problemas ambientais associados à Via Auca. No entanto, o seu uso por caçadores indígenas tem criado uma pressão insustentável sobre as espécies existentes (Franzen, 2006). Adicionalmente, o ruído resultante da circulação automóvel, assim como as colisões entre veículos e vida selvagem resultaram na diminuição no número de espécies de aves na área em torno da Via Maxus (Canaday e Rivadeneyra, 2001).

As atividades de extração de petróleo também levaram a confrontos com populações indígenas, devido à invasão dos seus territórios ancestrais. A invasão foi facilitada pela construção de estradas em territórios até aí inacessíveis, o que permitiu a entrada de colonos em terras de comunidades indígenas dos povos cofán, siona, secoya, kichwa e waorani. Em 1989, já cerca de um milhão de hectares de floresta amazónica tinha sido colonizada, tornando a extração de petróleo na principal responsável pela desflorestação no Equador. A colonização, associada à degradação ambiental e ao ruído provocado pelas atividades de extração de petróleo, causou um conflito que por vezes se tornou violento, havendo ataques entre povos indígenas e "invasores" com mortes de ambos os lados (Kimerling, 2005).

3. A ação judicial coletiva contra a Texaco: compensações *vs.* restituições e reparações

Os dados sobre os conflitos em torno da extração de petróleo pela Texaco foram compilados e publicados por Judith Kimerling, uma advogada norte-americana, ativista ecologista pelos direitos indígenas, com base em entrevistas realizadas no Equador e em documentos oficiais. A tradução do seu livro "Crudo Amazónico" (Kimerling, 1993) para inglês, um ano depois de a Texaco ter abandonado as suas operações no Equador, levou a que um advogado decidisse intentar uma ação judicial coletiva em Nova Iorque contra a petrolífera, em nome dos indígenas e colonos do Equador afetados pela poluição causada pela extração de petróleo. No caso *Aguinda* v. *Texaco, Inc.*, foram nomeadas 74 testemunhas, entre colonos e indígenas, em representação de uma população estimada em pelo menos 30 mil pessoas, que exigiam o pagamento de indemnizações compensatórias e punitivas pelos danos sofridos ao nível da sua saúde e da sua propriedade (Kimerling, 2005).

A Texaco reagiu defendendo que tinha cumprido a lei equatoriana e que o caso não poderia ser apresentado perante um tribunal nos EUA. Face a uma auditoria ambiental que confirmava a sua responsabilidade por vários delitos ambientais, a empresa negociou diretamente com o governo equatoriano uma compensação de 40 milhões de dólares, entre 1995 e 1998. O pagamento desta compensação libertava a empresa de qualquer responsabilidade futura para com o governo equatoriano. Simultaneamente, a petrolífera comprometeu-se a limpar a contaminação provocada, o que fez sem qualquer monitorização governamental, num processo denunciado como negligente pelas populações locais. As comunidades indígenas e de colonos afetadas nunca foram consultadas, nem na elaboração da auditoria ambiental, nem na negociação do acordo entre o governo e a Texaco (Joseph, 2012).

A ação judicial foi arquivada em 2001, com o tribunal a argumentar que o caso não poderia ser julgado nos EUA. A decisão motivou os queixosos a apresentar uma ação judicial no Equador contra a Texaco, que entretanto havia sido comprada pela Chevron. Em 2003, a ação deu entrada no tribunal, ao mesmo tempo que uma segunda ação contra a Texaco era apresentada por um grupo de indígenas que não se sentiam representados no grupo de queixosos. Embora a segunda ação tenha sido recusada, a primeira deu origem a um longo processo judicial (Kimerling, 2005).

O tribunal que julgou o caso *Aguinda y otros contra Chevron Texaco Corp.* (CPJS, 2011) teve não só de avaliar a existência de culpa da Chevron, mas também a extensão dos danos provocados. Dado que um processo judicial deste tipo envolve indemnizações monetárias (embora não exclua outro tipo de indemnizações e penalizações), o tribunal nomeou em 2007 uma equipa técnica, liderada pelo perito Richard Vega, que teve como função avaliar a extensão do dano ambiental causado, determinar a origem do dano, verificar a existência de substâncias comprometedoras para a saúde ou a vida de organismos vivos, especificar as medidas a tomar para limpar as áreas contaminadas e avaliar monetariamente algumas das perdas sofridas por pessoas e pelo ambiente (Vega, 2008).

Este relatório foi uma das peças de um longo processo de recolha de informação sobre a contaminação ambiental causada pela Texaco, resultando num processo legal com mais de 220 mil páginas, contendo mais de 100 relatórios de peritos, dezenas de testemunhos e dados científicos de 54 inspeções aprovadas pelo tribunal, entre outros dados (Amazon Defense Coalition, 2012).

Dois aspetos merecem ser destacados neste caso. Por um lado, a necessidade de quantificar e monetizar o dano ambiental, de forma a poder oferecer ao tribunal alguns números considerados necessários para que a sentença fosse objetiva e justa e para que fosse possível calcular a indemnização a pagar pela Chevron, caso fosse provada a sua culpa. Por outro, a forma como, explicitamente, o perito nomeado pelo tribunal assumiu que havia danos que não podiam ser expressos em termos monetários, pelo que as pessoas não podiam ser inteiramente compensadas pelo prejuízo sofrido. No mesmo sentido, o perito salientou desde o início a necessidade de a petrolífera se responsabilizar pela limpeza dos sítios contaminados, dentro do que era tecnicamente possível, não se podendo desresponsabilizar substituindo este trabalho de limpeza por um pagamento às populações afetadas pela contaminação. Desta forma, a lei e a jurisprudência convergem na rejeição do critério de compensação de Kaldor-Hicks, defendendo que parte dos custos sociais da extração de petróleo não pode ser expressa em dinheiro e que pagamentos para a restauração das áreas contaminadas não têm o mesmo significado que têm pagamentos compensatórios às vítimas da contaminação.

Em abril de 2008, o relatório Vega recomendou que a Chevron fosse condenada, com base nos dados sobre a contaminação de Lago Agrio com hidrocarbonetos e metais pesados, devido à extração de petróleo realizada sem controlos ambientais adequados. O relatório denunciava o incumprimento por parte da Texaco do contrato de limpeza das áreas contaminadas assinado com o governo equatoriano em 1995. Consequentemente, a Chevron deveria ser condenada a pagar uma indemnização de 8 mil milhões de dólares pelo dano causado, resultado da soma dos gastos com restituições e compensações. As restituições, estimadas em 3,4 mil milhões de dólares, incluíam a limpeza das áreas contaminadas, o fornecimento de água potável para as pessoas que vivem na área, a provisão de um sistema de saúde às populações da região, a implementação de um programa de recuperação de terras, alimentos e cultura indígenas e obras de melhoramento das infraestruturas petrolíferas para reduzir a contaminação futura. As compensações, estimadas em 4,6 mil milhões de dólares, incluíam compensações por mortes por cancro e pela perda de ecossistemas florestais.

Este montante não cobriria todos os danos causados, dado que nem todos os danos foram considerados, a estimativa era conservadora, e as restituições não poderiam recuperar o meio ambiente para o estado em que estava antes da contaminação. Para atingir uma restituição completa, o relatório recomendou então que o tribunal adicionasse à indemnização a totalidade ou uma parte do enriquecimento ilícito obtido à custa do desrespeito pelas populações, pelo meio ambiente e pelos direitos das comunidades indígenas, estimado em 8,3 mil milhões de dólares. A restituição completa, no entanto, não equivale a uma compensação económica, dado que o relatório admitia que para muitas das perdas sofridas pelas pessoas, incluindo prejuízos na saúde, deslocação de povos indígenas das suas terras ancestrais e alterações nas atitudes e perceções das pessoas em relação ao ambiente em que vivem, nenhum valor monetário podia ser estimado.

Em todos estes cálculos, a única parcela que recorreu ao tipo de valores usados correntemente em análises custo-benefício foi a das compensações por mortes por cancro. Para calcular este valor, o relatório Vega utilizou o "valor de uma vida estatística", usado pelo governo dos EUA para realizar análises custo-benefício de regulamentações que possam salvar vidas no futuro. Nas compensações pela perda de ecossistemas florestais, foi usado antes o custo de recuperação de um hectare de floresta tropical, em detrimento de um valor monetário obtido por métodos de avaliação contingente (Vega, 2008).

Seguindo queixas apresentadas pela Chevron, o tribunal acabou por descartar o relatório Vega, recorrendo antes a outros relatórios produzidos por peritos, sobretudo o relatório de Gerard Barros, um perito aprovado pela Chevron (Joseph, 2012). Além disso, o tribunal não deu seguimento ao pagamento de uma indemnização por enriquecimento ilícito por parte da Chevron que os arguidos estimavam em 40 mil milhões de dólares (Aguinda Legal Team, 2011).

A decisão final do tribunal equatoriano, emitida em fevereiro de 2011, diferindo consideravelmente nas suas considerações do parecer dado no relatório Vega, condenou a Chevron ao pagamento de uma indemnização de 8,646 mil milhões de dólares, à qual acresce 10% desse montante para os queixosos, a título de reparação pelos danos causados. O cálculo da indemnização considerou os custos com a limpeza de águas subterrâneas, limpeza de solos, recuperação de fauna e flora, compensação por custos acrescidos para a obtenção de água potável, provisão de um sistema de saúde público, implementação de um programa de reconstrução comunitária e recuperação étnica de povos indígenas e provisão de um plano de saúde que inclua o tratamento de pessoas com cancro. É de salientar que nenhuma compensação monetária por mortes ou pela perda de ecossistemas foi atribuída.

A decisão do tribunal condenou ainda a Chevron a pagar uma indemnização adicional equivalente a 100% das restituições por danos causados, com uma finalidade punitiva e dissuasora, de forma a garantir a não repetição da conduta da empresa, e punir o que o tribunal considerou ser má-fé durante o julgamento e desrespeito pelos queixosos. Esta indemnização adicional, contudo, poderia ser substituída por um pedido de desculpas público, na forma de anúncios publicados em jornais equatorianos, dirigidos às vítimas da contaminação, no prazo máximo de quinze dias. Na sua decisão, o tribunal esclarece que este pedido de desculpa é uma medida simbólica de reparação moral e de reconhecimento dos efeitos do mau comportamento da Chevron, reconhecida pelo Tribunal Interamericano de Direitos Humanos como uma forma de garantir a não repetição de atentados contra os direitos humanos.

A Chevron recorreu da decisão e, em janeiro de 2012, foi negada a sua pretensão de arquivamento do caso. Na decisão do tribunal de recurso, o montante de indemnizações a que a petrolífera é condenada é fixado em 18 mil milhões de dólares, indicando-se que o prazo para o pedido de desculpas público já expirou. A Chevron continua, presentemente, a recorrer à justiça nos EUA para evitar o pagamento das indemnizações, dado que a inexistência de ativos da empresa no Equador obriga a que a execução da sentença tenha de ser realizada no país onde se situa a sua sede (Joseph, 2012).

Analisando o acórdão do tribunal, podemos confirmar que não houve qualquer lugar para a estimação ou atribuição de preços à natureza ou à vida humana, sendo antes a indemnização repartida em duas partes, com uma parte a refletir a restituição a que as vítimas da contaminação ambiental têm direito e a restauração do ambiente contaminado, e a outra, a reparação para com as vítimas. Parte do montante correspondente à reparação (o equivalente a 100% do valor das restituições) poderia ter sido substituído por um pedido de desculpas público, indicando que há formas de forçar o causador de dano a reconhecer publicamente os direitos das vítimas, a admitir o desrespeito por estes direitos e garantir a não repetição do dano, sem recurso ao pagamento de um valor monetário.

4. A iniciativa Yasuní-ITT: compensações *vs.* recompensas

Em janeiro de 2007, o governo recém-eleito da Alianza PAIS (Patria Altiva i Soberana), um movimento político de esquerda liderado por Rafael Correa, anuncia uma solução inovadora para a conservação da natureza. Para proteger a biodiversidade, combater as alterações climáticas e respeitar a soberania de comunidades indígenas sobre o seu território, o governo estava disposto a não explorar petróleo nos campos de Ishpingo, Tambococha e Tiputini (ITT) situados no Parque Nacional Yasuní, pedindo à comunidade internacional uma compensação pelo custo de oportunidade da não exploração de petróleo. O pesado custo ambiental e social da extração de petróleo no Equador, visível no caso contra a Texaco/Chevron, foi um fator decisivo para a formulação da iniciativa.

A iniciativa tem a sua origem numa proposta de moratória sobre a extração de petróleo apresentada por alguns movimentos sociais ecologistas e indígenas nos anos 1990 (Martin, 2011). A proposta foi formalizada no livro coletivo "*El Ecuador post-petrolero*", editado pela associação Acción Ecológica (2000). Em junho de 2003, esta associação juntou-se às fundações Pachamama e Centro de Direitos Económicos e Sociais (CDES) para apresentar a proposta ao Ministério do Ambiente. Nesta altura, o CDES, em conjunto com movimentos sociais, discutia já a ideia de reivindicar uma anulação da dívida externa, ainda muito elevada, com os credores, a troco da preservação da Amazónia, dado que a extração de petróleo era alimentada pela necessidade de encontrar divisas para o serviço da dívida externa (Acosta, 2010).

Em 2005, uma proposta de moratória à extração de petróleo no Yasuní-ITT foi apresentada pela Acción Ecológica, e pela Oilwatch, uma rede Sul-Sul de movimentos sociais de resistência contra as atividades petrolíferas. A proposta defendia que o valor económico do Yasuní é incomensurável mas estipulava que se podem gerar recursos financeiros via doações ou cancelamento da dívida externa de países industrializados, como forma de compensação pelos benefícios ambientais produzidos pela não extração de petróleo. Estas contribuições internacionais não poderiam representar uma "mercantilização da vida", nem uma "venda de serviços ambientais" e não dariam origem a qualquer direito de propriedade ou de uso do território (Acción Ecológica, 2005; Oilwatch, 2005).

Em outubro de 2006, a Oilwatch e a Acción Ecológica organizaram um fórum sobre direitos humanos, petróleo e reparações na cidade amazónica de Coca, que incluiu uma visita guiada a sítios contaminados e uma marcha pelos direitos humanos (Martin, 2011). Ao mesmo tempo, decorriam as eleições presidenciais e parlamentares, que foram ganhas na segunda volta pelo recém-formado movimento político PAIS (hoje Alianza PAIS). Rafael Correa torna-se o novo presidente do Equador, com um programa político à esquerda, derrotando o empresário bananeiro Álvaro Noboa.

No programa de governo do Movimento PAIS, elaborado em 2006 durante a campanha eleitoral, constava já uma proposta de moratória à extração de petróleo. No programa pode ler-se que deve ser analisada «a possibilidade de uma moratória da atividade petrolífera no sul da Amazónia equatoriana, ligada a uma suspensão do serviço da dívida externa» (Movimiento PAIS, 2006: 41). O programa eleitoral enquadrava esta ideia num plano mais vasto de transformação do Equador numa "potência ambiental", investindo nas energias renováveis e na expansão das áreas protegidas, assim como no reforço dos controlos ambientais de todas as políticas económicas e produtivas (Acosta, 2010). Por outro lado, o Movimiento PAIS defendia a necessidade de "maximizar os efeitos positivos que se possam obter da extração petrolífera, sem perder de vista que o petróleo se está a esgotar e que o desenvolvimento não se faz simplesmente com base na extração de recursos naturais" (Movimiento PAIS, 2006: 41).

Quando o novo governo liderado por Rafael Correa tomou posse, estas ideias deram origem à Iniciativa Yasuní-ITT, anunciada publicamente em junho de 2007, através da qual o governo se propunha não extrair o petróleo do campo ITT, situado no Parque Nacional Yasuní, pedindo em troca à comunidade internacional uma compensação pelo custo de oportunidade da não extração equivalente a metade das receitas previsíveis. A elaboração da proposta foi entregue ao Ministério dos Negócios Estrangeiros, encabeçado pela anterior diretora para a América do Sul da União Internacional para a Conservação da Natureza, Maria Fernanda Espinosa Garcés (Martin, 2011).

Numa reunião de alto nível sobre alterações climáticas, organizada pela ONU a 27 de setembro de 2007 em Nova Iorque, a Iniciativa Yasuní-ITT foi apresentada pela primeira vez à comunidade internacional por Rafael Correa. No seu discurso, Correa apresentou a proposta de deixar no subsolo 920 milhões de barris de petróleo como um "imenso sacrifício" que o governo equatoriano estava disposto a fazer, «exigindo a corresponsabilidade da comunidade internacional e uma compensação mínima pelos bens ambientais que geramos e dos quais todo o planeta beneficia» (Correa, 2007: 4). A iniciativa tinha como objetivos «conservar a biodiversidade, proteger os povos indígenas em isolamento voluntário que ali habitam e evitar emissões de dióxido de carbono» (Correa, 2007: 5). Em troca, o Equador solicitava uma compensação de 4,6 mil milhões de dólares, equivalente a metade do valor comercial das reservas que ficariam por explorar, a ser aplicada num Fundo Fiduciário Yasuní-ITT, destinado a investimentos num plano de desenvolvimento que incluía «a diversificação das fontes de energia; o desenvolvimento de capacidades e investimentos no ecoturismo e a aplicação de uma agenda integral que compreende a saúde, a educação e a remediação ambiental, entre outros» (Correa, 2007: 5).

A iniciativa Yasuní-ITT contou desde o início com o apoio do Ministério da Energia e das Minas, encabeçado por um dos principais inspiradores da proposta original, o economista e ecologista Alberto Acosta. Na Agenda Energética 2007-2011, lançada em junho de 2007, o ministério admitia que a não extração de petróleo no Yasuní-ITT tinha um custo de oportunidade mas que não devia ser vista como um sacrifício de recursos necessários ao desenvolvimento do país, dado que a perda de receitas futuras podia ser mais que compensada por uma melhoria da gestão dos campos petrolíferos em exploração. A Agenda Energética clarificava:

> O desafio apresentado é o de retificar erros passados e gerar as receitas que requerem os programas de desenvolvimento social na base de uma exploração do petróleo com responsabilidade social e ambiental, sem comprometer áreas que até hoje escaparam ao turbilhão de quarenta anos de espoliação e vandalismo (Acosta e Villavicencio, 2007: 90).

Os mesmos princípios pós-extrativistas foram plasmados na nova constituição (Asamblea Constituyente, 2008), elaborada por uma Assembleia Constituinte presidida pelo então ex-Ministro da Energia e das Minas, Alberto Acosta. A constituição, elaborada através de processos de democracia participativa e referendada a 28 de setembro de 2008, estabelece o direito ao "buen vivir", o que envolve nomeadamente o acesso a serviços públicos essenciais, a participação democrática e a preservação do meio ambiente. Consequentemente, a natureza surge como sujeito de direitos (Art.ºs 71 a 74), as atividades extrativas são vedadas em territórios de povos em isolamento voluntário (Art.º 57) e a extração de recursos não renováveis é interdita em áreas protegidas ou zonas declaradas como intangíveis, salvo se, em situações excecionais, a Assembleia Nacional declarar o seu interesse nacional, a pedido da Presidência da República, podendo convocar um referendo se o considerar conveniente (Art.º 407).

Pode, desde logo, constatar-se que há uma ambiguidade presente na Iniciativa Yasuní-ITT. Por um lado, o Ministério da Energia e Minas apresentava a não extração de petróleo no Yasuní-ITT como o início de uma inversão de curso na política de desenvolvimento seguida e uma necessidade face aos valores em causa (proteção do ambiente e dos direitos indígenas). Por outro, o Presidente apresentava a renúncia à extração de petróleo no Yasuní-ITT como um "imenso sacrifício", pelo qual o país deveria ser compensado pela comunidade internacional.

Esta ambiguidade não é apenas semântica. Se a não extração de petróleo no Yasuní-ITT é um sacrifício, então o governo equatoriano deverá deixar em aberto uma opção B, a de extrair o petróleo caso a comunidade internacional não compense o Equador pelo sacrifício realizado. Se, pelo contrário, a renúncia à extração de petróleo no Yasuní-ITT é uma obrigação que decorre do respeito pelos direitos da natureza, das comunidades indígenas e dos povos em isolamento voluntário, então a opção B não pode estar em cima da mesa, estando antes uma opção C, a de não extrair o petróleo mesmo que a comunidade internacional não doe ao Equador o montante solicitado.

No primeiro caso, o governo equatoriano visa obter uma compensação económica pelo custo de oportunidade da não extração de petróleo. Dado que a opção B é deixada em aberto, ainda que implicitamente, a compensação pode ser vista como um pagamento por serviços ecossistémicos em que uma parte (um contribuinte internacional) paga a outra parte (o governo do Equador) para que desempenhe serviços ambientais (preservação do Yasuní-ITT e combate às alterações climáticas) (Wunder, 2007). Estamos, portanto, no domínio mercantil, sendo as transferências para o Fundo Yasuní um pagamento por um serviço prestado.

No segundo caso, o governo equatoriano assume o compromisso de não extrair petróleo no Yasuní-ITT, procurando uma compensação da parte da comunidade internacional. Como a opção B não é considerada, sendo deixada em aberto apenas a opção C, a compensação não pode ser vista como um pagamento por serviços ecossistémicos, devendo ser antes encarada como uma recompensa. As transferências para o Fundo Yasuní são doações, não tendo como base uma troca mercantil.

Em ambos os casos, as contribuições internacionais para o Fundo Yasuní são realizadas de acordo com o princípio das responsabilidades comuns mas diferenciadas segundo o princípio expresso no Protocolo de Quioto que determina um maior grau de responsabilidade pelo combate às alterações climáticas para os países industrializados. Mas apenas no segundo caso as contribuições podem ser vistas como uma aplicação dos princípios da justiça climática, que postulam a existência de uma dívida ecológica acumulada por países do Norte em relação aos países do Sul pela degradação ambiental causada pela industrialização (Simms, 2005), dado que no primeiro caso está em causa a compra de um serviço e não o pagamento de uma dívida. Adicionalmente, apenas no primeiro caso, quando as contribuições internacionais são enquadradas como compensações ou pagamentos por serviços ecossistémicos, a iniciativa Yasuní-ITT se torna suscetível de ser criticada como uma forma de chantagem, possivelmente replicável por países do Sul com áreas naturais ameaçadas pela extração de recursos naturais.

Apesar da ambiguidade, foi desde cedo claro que o governo equatoriano tendia a encarar a iniciativa Yasuní-ITT como uma venda de serviços ambientais e uma compensação pelo sacrifício incorrido pela não extração de petróleo. A opção B, de extrair o petróleo no Yasuní-ITT, caso as contribuições para o Fundo Yasuní se revelassem insuficientes, começou a ser explorada pelo Presidente Executivo da Petroecuador, Carlos Pareja Yannuzzelli no início de 2007, ao procurar contratos com as empresas petrolíferas estatais PDVSA (Venezuela), Sinopec (China), Petrobras (Brasil) e Enap (Chile). Em meados de 2007, Rafael Correa já havia contratado com as três últimas empresas a possível extração de petróleo no Yasuní-ITT (Martin, 2011).

Mais relevante ainda a este respeito é a forma como o Fundo de Investimento Yasuní-ITT foi constituído. A Secretaria Técnica da iniciativa Yasuní-ITT foi criada em janeiro de 2008, com a tarefa de definir os pormenores da iniciativa, tais como o montante a pedir à comunidade internacional, o que fazer com o dinheiro recebido, ou qual o significado das contribuições para o fundo de investimento a criar (donativos ou títulos com valor financeiro, tal como créditos de carbono). Presidida por Roque Sevilla (ex-diretor da Fundación Natura), a secretaria teve de operar a máquina de quantificação responsável por determinar qual o montante de petróleo no subsolo do Yasuní-ITT, qual o custo de extração do petróleo e qual o preço futuro do petróleo, de forma a calcular, usando uma taxa de desconto considerada adequada, qual o valor presente líquido do petróleo que o Equador se propunha não explorar (Sevilla, 2010).

O prazo para o fim do período de recolha de contribuições financeiras foi inicialmente fixado em junho de 2008, sendo depois prorrogado até dezembro de 2008, dando muito pouco tempo para que uma comissão de angariação de fundos conseguisse ser bem-sucedida. A este contratempo acresce a vontade de preparar um leilão duplo, no qual as empresas petrolíferas interessadas na extração de petróleo concorreriam com doadores internacionais interessados na não extração, assim como a sinalização, por parte de Correa, de que poderia aprovar a extração no campo de Tiputini, retirando um T ao Yasuní-ITT (Martínez, 2009).

O plano inicial consistia em o Equador pedir, como compensação pela não extração de petróleo no Yasuní-ITT, metade do seu valor presente líquido, num total de 3,6 mil milhões de dólares, repartidos por dez anos. A procura de alternativas de financiamento, contudo, fez com que a fórmula de cálculo mudasse. No final de 2008, o montante solicitado pelo Equador era antes calculado como o benefício de não queimar o petróleo, medido pelas toneladas de CO_2 evitadas, multiplicadas pelo preço de um crédito de carbono no mercado de carbono europeu. Com esta colagem ao mercado de carbono, esperava-se conseguir financiamento a partir da venda de créditos de carbono a poluidores do Norte, recorrendo ao mercado de carbono voluntário, dado que o Protocolo de Quioto não prevê a venda de créditos de carbono a partir de projetos que evitam a emissão de gases com efeito de estufa mantendo os combustíveis fósseis no subsolo (Martin, 2011).

Em 2009, a proposta que o Equador apresentava à comunidade internacional era a de criar um fundo de investimento, administrado pelo Programa das Nações Unidas para o Desenvolvimento (PNUD), através do qual receberia contribuições dos países do Norte e outras entidades públicas e privadas, no valor de pelo menos metade dos 7,188 mil milhões de dólares que estimava que as emissões de CO_2 evitadas valessem no mercado de carbono europeu. As receitas do fundo seriam aplicadas em quatro tipos de projetos: proteção das áreas naturais; reflorestação, arborização e recuperação de um milhão de hectares; melhoria da eficiência energética nos edifícios, na indústria e nos transportes; apoio às comunidades pobres a viver na zona de influência de grandes projetos de conservação da natureza ou reflorestação (Sevilla, 2010).

A criação do Fundo de Investimento Yasuní-ITT sofreu ainda um importante revés em dezembro de 2009, durante a cimeira climática internacional de Copenhaga, quando, a dois dias da data prevista para a assinatura do acordo entre o governo equatoriano e o PNUD, Correa ordena aos negociadores para não assinar o acordo. Em janeiro de 2010, o Presidente do Equador justifica a sua decisão em discursos transmitidos pela rádio criticando a sua equipa por ter aceite condições que punham em causa a soberania do país e defendendo que «não estamos a pedir caridade, mas antes compensação por serviços ambientais», pelo que a palavra "doador" não deveria constar no fundo do PNUD. Em reação a estas declarações, o Presidente da Secretaria Técnica da Iniciativa Yasuní-ITT, Roque Sevilla, assim como o Ministro dos Negócios Estrangeiros, Fander Falconi, pediram a sua demissão (Martin, 2011).

O ataque de Rafael Correa à equipa que até aí havia servido de intermediária com o PNUD e potenciais doadores revela a tensão criada pela ambiguidade em torno do significado das contribuições para o futuro Fundo de Investimento Yasuní-ITT. A ambiguidade seria desfeita de vez com a fixação dos termos de referência deste fundo, em julho de 2010.

As normas do fundo, nos parágrafos 26 e 27, estipulam que as contribuições darão direito a Certificados de Garantia Yasuní (CGY), com um valor em dólares. O valor monetário de um CGY está associado às toneladas métricas de CO_2 evitadas de acordo com o preço, na data de transação, de uma licença de emissão na União Europeia (European Union Allowance) no Mercado de Carbono de Leipzig (Ecuador Yasuní ITT Fondo de Fideicomiso, 2010). Assim, ficou salvaguardada a hipótese de no futuro os CGY puderem ser transacionados no mercado de carbono global, o que permitiria ao governo equatoriano vender CGY a entidades públicas e privadas que pretendessem compensar as suas emissões de carbono.

A associação da iniciativa Yasuní-ITT ao mercado de carbono, ainda que remetida para um futuro em que as normas do Protocolo de Quioto permitam criar uma equivalência entre CGY e créditos de carbono, confirmou que se tratava já de uma venda de serviços ambientais. Na visão que ficou consagrada nos termos de referência do Fundo de Investimento Yasuní-ITT, a iniciativa não é precursora de uma «nova lógica económica para o século XXI», que reconheça «os valores não crematísticos», como defendia Correa na sua apresentação da iniciativa (Correa, 2007: 6), mas está antes enquadrada na lógica económica capitalista dos mercados ambientais, na medida em que reduz o valor da não extração de petróleo ao valor crematístico correspondente à venda de créditos de carbono pelas emissões evitadas.

O triunfo da lógica da compensação económica sobre a lógica da recompensa também pôs em causa aquilo que Acosta chamou uma mudança na relação entre os povos do mundo e a natureza, que cria as bases para uma «institucionalidade jurídica global sustentada no princípio da corresponsabilidade diferenciada: os países mais desenvolvidos, em grande parte responsáveis pela degradação ambiental, estão intimados a contribuir muito mais para a solução dos problemas ambientais globais» (Acosta, 2010: 18). Pelo contrário, o negócio da venda de créditos de carbono, ao permitir a comensuração entre a redução de emissões em diferentes países, permite que os países industrializados do Norte possam comprar o direito de poluir e assim evitar descarbonizar o seu sistema produtivo, transferindo a responsabilidade do combate às alterações climáticas para o Sul (Coelho, 2011).

Ao categorizar as contribuições para o Fundo de Investimento Yasuní-ITT como pagamentos por serviços ambientais, o governo equatoriano colocou ainda em causa a própria sobrevivência da iniciativa, dado que a qualquer momento poderia decidir extrair o petróleo no Yasuní-ITT, alegando falta de cooperação da comunidade internacional. Foi isso mesmo que aconteceu a 15 de agosto de 2013, quando Rafael Correa anunciou o fim da iniciativa Yasuní-ITT, alegando que apenas 0,37% do valor esperado estava depositado no fundo de investimento e declarando «o mundo falhou-nos» (Correa, 2013).

Conclusão

O uso de valores monetários para a proteção da natureza é potencialmente controverso para quem defende que a natureza não tem preço. Recusar todos os valores monetários, contudo, implicaria deixar muitos problemas ambientais por resolver, tendo em conta a importância social do dinheiro. Assim, um ecologista que recusasse o uso de valores monetários no julgamento contra a Texaco/Chevron estaria a ajudar a empresa a evadir as suas obrigações a nível de restituição do *statu quo* e reparação para as vítimas. Da mesma forma, uma ecologista que recusasse o uso de valores monetários na iniciativa Yasuní-ITT estaria a impossibilitar a atribuição de uma justa recompensa a quem prescinde de um benefício econômico a troco da preservação de uma área de elevado valor ecológico e do respeito pelos direitos das comunidades indígenas.

Resolver esta aparente contradição entre a recusa de pôr um preço na natureza e o uso de valores monetários para penalizar poluidores ou recompensar protetores da natureza implica distinguir entre os vários significados sociais do dinheiro. Assim, o caso judicial contra a Texaco assentou em noções de restituição e reparação, que em nada se confundem com uma compensação econômica, em que o bem-estar das vítimas é recuperado para o nível anterior à contaminação uma vez recebido o valor correspondente ao preço da natureza contaminada e das vidas perdidas.

A iniciativa Yasuní-ITT, por outro lado, assentou na noção de recompensa por uma ação que, apesar de seguir um compromisso assumido pelo Estado do Equador, beneficiaria todo o mundo, dados os custos sociais da indústria petrolífera. Não há lugar para o cálculo de preços para bens e serviços ambientais na determinação do valor desta recompensa. A reconfiguração desta iniciativa nascida nos movimentos sociais como uma compensação económica pelo custo de oportunidade da extração do petróleo e um pagamento por serviços ambientais, pelo contrário, repousa na fixação de preços para bens e serviços ambientais, seguindo uma visão mercantilista da relação entre humanos e natureza.

A análise destes dois casos foi realizada com o objetivo de demonstrar os vários significados do dinheiro em iniciativas, instrumentos ou procedimentos legais dirigidos à proteção da natureza. Um trabalho futuro pode expandir esta análise, debruçando-se sobre o papel que diversas "convenções de monetização" podem ter na criação de vários significados para o uso de dinheiro na sociedade.

Referências bibliográficas

Acción Ecológica (2000), *El Ecuador Post Petrolero*. Quito: Acción Ecológica. Versão eletrónica disponível em http://fes.zonarix.com:8081/publicaciones/el-ecuador-post-petrolero

Acción Ecológica (2005), "Un llamado Eco-Lógico para la conservación, el clima y los derechos. Propuesta para la Reserva de la Biósfera Yasuni". Versão eletrónica disponível em http://www.accionecologica.org/index.php?option=com_content&id=55

Acosta, Alberto (2000), "El petróleo en el Ecuador: una evaluación crítica del pasado cuarto de siglo", *in* Acción Ecológica (ed.), *El Ecuador Post Petrolero*, Quito: Acción Ecológica, 15-50. Versão eletrónica disponível em http://fes.zonarix.com:8081/publicaciones/el-ecuador-post-petrolero

Acosta, Alberto (2010), "A modo de prólogo: ¡Basta a la explotación de petróleo en la Amazonía!", *in* Esperanza Martinez e Alberto Acosta (orgs.), *ITT-Yasuní: Entre el petróleo y la vida*. Quito: Abya Yala, 35-60.

Acosta, Alberto; Villavicencio, Arturo (2007), *Agenda Energética 2007-2011: Hacia un sistema energético sustentable*. Quito: Ministerio de Energía y Minas. Versão eletrónica disponível em http://titomeza.files.wordpress.com/2009/12/agenda-energetica-2007-2011.pdf

Aguinda Legal Team (2011), "Summary of Judgment & Order of Superior Court of Nueva Loja, Aguinda v. ChevronTexaco, No. 2003-0002, February 14, 2011 and Excerpts from Judgment & Order of Superior Court of Nueva Loja", *ChevronToxico*. Versão eletrónica disponível em http://chevrontoxico.com/assets/docs/2011-02-14-summary-of-judgment-Aguinda-v-ChevronTexaco.pdf

Amazon Defense Coalition (2012), "Summary of Overwhelming Evidence Against Chevron in Ecuador Trial". Versão eletrónica disponível em http://chevrontoxico.com/assets/docs/2012-01-evidence-summary.pdf

Asamblea Constituyente (2008), *Constitución de la República del Ecuador*. Quito: Asamblea Constituyente. Versão eletrónica disponível em http://www.asambleanacional.gov.ec/documentos/constitucion_de_bolsillo.pdf

Atkinson, Giles; Mourato, Susana (2008), "Environmental Cost-Benefit Analysis", *Annual Review of Environment and Resources*, 33(1), 317-344. Doi: http://dx.doi.org/10.1146/annurev.environ.33.020107.112927

Auty, Richard M. (1993), *Sustaining development in mineral economies: The resource curse thesis*. Nova Iorque: Routledge.

Bass, Margot S.; Finer, Matt; Jenkins, Clinton N.; Kreft, Holger; Cisneros-Heredia, Diego F.; McCracken, Shawn F.; Pitman, Nigel C. A. *et al.* (2010), "Global Conservation Significance of Ecuador's Yasuní National Park", *PLoS ONE*, 5(1), e8767. Doi: http://dx.doi.org/10.1371/journal.pone.0008767

Beckerman, S., Erickson, P. I.; Yost, J.; Regalado, J.; Jaramillo, L.; Sparks, C.; Iromenga, M.; Long, K. (2009), "Life histories, blood revenge, and reproductive success among the Waorani of Ecuador", *Proceedings of the National Academy of Sciences*, 106(20), 8134-8139. Doi: http://dx.doi.org/10.1073/pnas.0901431106

Canaday, Christopher; Rivadeneyra, Jiovanny (2001), "Initial effects of a petroleum operation on Amazonian birds: terrestrial insectivores retreat", *Biodiversity & Conservation* 10(4), 567-595. Doi: http://dx.doi.org/10.1023/A:1016651827287

Coelho, Ricardo (2011), "Questionando a comensuração do carbono: Algumas emissões são mais iguais que outras", *Revista Crítica de Ciências Sociais* 95, 69-83. Doi: http://dx.doi.org/10.4000/rccs.4385

Correa, Rafael (2007), "Discurso del Presidente en el Foro de Presidentes sobre Cambio Climático", 24 de setembro, Nova Iorque. Versão eletrónica disponível em http://www.presidencia.gob.ec/wp-content/uploads/downloads/2013/10/2007-09-24-Discurso-en-Foro-de-Presidentes-Sobre-Cambio-Climatico.pdf

Correa, Rafael (2013), "Anúncio a la nación: Iniciativa Yasuní ITT", 13 de Agosto, Quito. Versão eletrónica disponível em http://www.presidencia.gob.ec/wp-content/uploads/downloads/2013/08/2013-08-15-Anuncio-Yasuni.pdf

CPJS – Corte Provincial de Justicia de Sucumbios (2011), *Aguinda y otros contra Chevron Texaco Corporation – No. 002-2003*. Nueva Loja, Ecuador: Corte Provincial de Justicia de Sucumbios. Versão eletrónica disponível em http://chevrontoxico.com/assets/docs/2011-02-14-Aguinda-v-ChevronTexaco-judgement-Spanish.pdf

Ecuador Yasuní ITT Fondo de Fideicomiso (2010), *Ecuador Yasuní ITT Fondo de Fideicomiso: Términos de Referencia*, UNDP Multi-Partner Trust Fund Office. Versão eletrónica disponível em http://mptf.undp.org/yasuni/es

Engel, Stefanie; Pagiola, Stefano; Wunder, Sven (2008), "Designing payments for environmental services in theory and practice: An overview of the issues", *Ecological economics*, 65(4), 663-674. Doi: http://dx.doi.org/10.1016/j.ecolecon.2008.03.011

Espeland, Wendy Nelson; Stevens, Mitchell L. (1998), "Commensuration as a social process", *Annual review of sociology*, 24(1), 313-343. Doi: http://dx.doi.org/10.1146/annurev.soc.24.1.313

FAO – Food and Agriculture Organization of the United Nations (2011), *State of the World's Forests*. Roma: FAO. Versão eletrónica disponível em http://www.fao.org/docrep/013/i2000e/i2000e00.htm

Finer, Matt; Vijay, Varsha; Ponce, Fernando; Jenkins, Clinton N.; Kahn, Ted R. (2010), "La Reserva de la Biósfera Yasuní de Ecuador: Una breve historia moderna y los retos de la conservación", *in* Esperanza Martinez e Alberto Acosta (eds.), *ITT-Yasuní: Entre el petróleo y la vida*. Quito: Abya Yala, 35-60.

Franzen, Margaret (2006), "Evaluating the sustainability of hunting: A comparison of harvest profiles across three Huaorani communities", *Environmental Conservation*, 33(1), 36-45. Doi: http://dx.doi.org/10.1017/S0376892906002712

Hawken, Paul; Lovins, Amory; Lovins, Hunter (1999), *Natural Capitalism*. Nova Iorque: Little, Brown & Company.

Heinzerling, Lisa; Ackerman, Frank (2004), *Priceless: On Knowing the Price of Everything and the Value of Nothing*. Nova Iorque: New Press.

Joseph, Sarah (2012), "Protracted Lawfare: The Tale of Chevron Texaco in the Amazon", *Journal of Human Rights and the Environment*, 3(1), 70-91. Doi: http://dx.doi.org/10.2139/ssrn.2305057

Kallis, Giorgos; Gómez-Baggethun, Erik; Zografos, Christos (2013), "To value or not to value? That is not the question", *Ecological Economics*, 94, 97-105. Doi: http://dx.doi.org/10.1016/j.ecolecon.2013.07.002

Kimerling, Judith (1993), *Crudo amazónico*. Quito: Abya Yala.

Kimerling, Judith (1995), "Rights, responsibilities, and realities: Environmental protection law in Ecuador's Amazon oil fields", *Southwestern Journal of Law and Trade in the Americas*, 2, 293-621.

Kimerling, Judith (2005), "Indigenous Peoples and the Oil Frontier in Amazonia: The Case of Ecuador, ChevronTexaco, and *Aguinda v. Texaco*", *NYU Journal of International Law and Politics*, 38, 413-664. Versão eletrónica disponível em http://nyujilp.org/wp-content/uploads/2013/02/38.3-Kimerling.pdf

Martin, Pamela L. (2011), *Oil in the Soil: The Politics of Paying to Preserve the Amazon*. Plymouth: Rowman and Littlefield.

Martínez, Esperanza (2009), *Yasuní: El tortuoso camino de Kioto a Quito*. Quito: Abya-Yala.

Movimiento PAIS (2006), *Plan de Gobierno del Movimiento PAÍS 2007-2011*. Quito: Movimiento PAIS.

Oilwatch (2005), "Asalto al Paraíso: Empresas Petroleras en Áreas Protegidas". Consultado a 5.12.2012, em http://www.oilwatch.org/doc/libros/Asalto_al_paraiso.pdf

O'Neill, John (2007), *Markets Deliberation and Environment*. Nova Iorque: Routledge.

Radin, Margaret Jane (1993), "Compensation and Commensurability", *Duke Law Journal*, 43(1), 56-86. Versão eletrónica disponível em http://scholarship.law.duke.edu/dlj/vol43/iss1/2/

Rival, Laura (1999), "The Huaorani", *in* Richard B. Lee e Richard Daly (orgs.), *The Cambridge Encyclopedia of Hunters and Gatherers*. Cambridge: Cambridge University Press.

Sevilla, Roque (2010), "Cómo transformar una idea y un ideal en una iniciativa práctica y ejecutable", *in* Esperanza Martinez e Alberto Acosta (orgs.), *ITT-Yasuní: Entre el petróleo y la vida*. Quito: Abya Yala, 61-73.

Simms, Andrew (2005), *Ecological debt: The health of the planet and the wealth of nations*. Londres: Pluto.

Spash, Clive L. (2008), "How much is that ecosystem in the window? The one with the bio-diverse trail", *Environmental Values*, 17(2), 259-284. Versão eletrónica disponível em http://www.jstor.org/stable/30302641

Spash, Clive L. (2009), "The new environmental pragmatists, pluralism and sustainability", *Environmental Values*, 18(3), 253-256. Versão eletrónica disponível em http://www.jstor.org/stable/30302124

UNESCO (2013), Biosphere Reserve Information – Ecuador – Yasuni, *UNESCO – MAB Biosphere Reserves Directory*. Versão eletrónica disponível em http://www.unesco.org/mabdb/br/brdir/directory/biores.asp?code=ECU+02&mode=all

Vatn, Arild (2010), "An institutional analysis of payments for environmental services", *Ecological Economics*, 69(6), 1245-1252. Doi: http://dx.doi.org/10.1016/j.ecolecon.2009.11.018

Vega, Richard (2008), "Technical Summary Report", *Court Expert Summary Report*. Versão eletrónica disponível em http://chevrontoxico.com/assets/docs/cabrera-english-2008.pdf

Villaverde, Xavier; Ormaza, Fernando; Marcial, Verónica; Jorgenson, Jeffrey (2005), *Parque Nacional y Reserva de Biosfera Yasuní. Historia, problemas y perspectivas*. Quito: Abya Yala.

Wunder, Sven (2007), "The Efficiency of Payments for Environmental Services in Tropical Conservation", *Conservation Biology*, 21(1), 48-58. Doi: http://dx.doi.org/10.1111/j.1523-1739.2006.00559.x

Zapata-Ríos, Galo; Suárez, Esteban; Utreras, Victor; Vargas, Javier (2006), "Evaluation of anthropogenic threats in Yasuní National Park and its implications for wild mammal conservation", *Lyonia*, 10(1), 47-57. Versão eletrónica disponível em http://www.lyonia.org/downloadPDF.php?pdfID=2.411.1

Ziegler-Otero, Lawrence (2004), *Resistance in an Amazonian Community: Huaorani Organizing Against the Global Economy*. Nova Iorque: Berghahn Books.

CAPÍTULO 4
VALORES EM COLISÃO E DECISÃO PÚBLICA: O CASO DA BARRAGEM DE FOZ TUA

ANA COSTA, MARIA DE FÁTIMA FERREIRO, RICARDO COELHO E VASCO GONÇALVES

Introdução
Em abril de 2011, deu-se início à construção de uma barragem na Foz do Rio Tua, um afluente do Rio Douro. Ao mesmo tempo, uma missão da UNESCO visitou o local no seguimento de uma queixa feita pelo Partido Ecologista "os Verdes" contra a ameaça colocada pela barragem ao Património Mundial da Humanidade do Alto Douro Vinhateiro. Esta missão foi um catalisador que reacendeu a controvérsia em torno da barragem de Foz Tua, iniciada em 2008 com o Estudo de Impacto Ambiental (EIA) deste projeto. Esta controvérsia, envolveu, por um lado, uma coligação de ONG ambientalistas, movimentos locais e partidos de esquerda em oposição à submersão do vale do Tua e da linha de caminho de ferro do Tua e, por outro, o promotor (Eletricidade de Portugal – EDP), o governo, o Partido Socialista, então no poder, e autarcas locais em defesa do projeto da barragem e da sua contribuição para o aumento da produção de energia renovável.

Neste capítulo, examina-se a controvérsia em torno da barragem de Foz Tua. Pretende-se evidenciar: a) os valores mobilizados pelas várias partes na controvérsia e as formas de ultrapassar os conflitos de valores; b) as restrições colocadas pelo procedimento de apoio à tomada de decisão pública na expressão de valores particulares.

A análise baseia-se em fontes diversas: estudos de avaliação técnica, entrevistas com atores relevantes no processo de decisão pública, relatórios da UNESCO, jornais diários e vídeos de noticiários na TV.[1]

Na secção 1 do capítulo, revisita-se a história da barragem de Foz Tua com uma ênfase particular no procedimento de EIA e na crise do processo de decisão pública desencadeada pela visita de uma missão da UNESCO à barragem. Na secção 2, mapeia-se a controvérsia, destaca-se o diferente vocabulário de valoração e os critérios e procedimentos mobilizados durante o processo de decisão pública. Na conclusão, são identificadas as características mais salientes da controvérsia sobre o projeto de barragem e analisa-se o papel desempenhado pelo procedimento EIA.

1. A construção de uma barragem: avaliação de impacto e valores em jogo

1.1. Os marcos históricos e a localização do projeto

O projeto de construção de uma barragem no Rio Tua foi incluído no Plano Energético Nacional de 1989 e no Plano de Bacia Hidrográfica do Rio Douro de 1999. O Programa Nacional de Barragens com Elevado Potencial Hidroelétrico (PNBEPH), lançado pelo governo português em 2007, integrou estes planos e deu prioridade ao projeto de Desenvolvimento da Barragem de Foz Tua (DBFT), em conjunto com outras novas instalações hidroelétricas, localizadas maioritariamente na bacia do Rio Douro.[2]

---

[1] Foram realizadas entrevistas exploratórias: aos investigadores responsáveis pelo EIA, a uma representante do Partido Ecologista os Verdes (PEV) que foi responsável pela denúncia formal à UNESCO, a um representante do GEOTA, uma associação ambientalista e uma das mais vocais opositoras à barragem, e a um representante de um movimento local contra a barragem. Estas entrevistas foram fundamentais para elaborar um primeiro esboço do mapa de conflitos em torno da barragem e finalizar uma lista de atores a entrevistar. Os dezasseis entrevistados pertenciam a três tipos: representantes do governo, nacional e local, ativistas e agentes económicos.

[2] De entre as dez novas instalações hidroelétricas, apenas a barragem de Foz Tua está a ser presentemente construída.

Seguindo um procedimento de Estudo de Impacto Ambiental (EIA), em 2008,[3] e uma Declaração de Impacto Ambiental (DIA), em maio de 2009, favorável ao projeto da barragem de Foz Tua, condicionado ao nível mais baixo de armazenamento, a EDP[4] iniciou a construção em abril de 2011.

A barragem ficaria situada na fronteira da área declarada Património Mundial da Humanidade Região do Alto Douro Vinhateiro (RADV), aproximadamente a 1 km da foz do Rio Tua. O reservatório seria localizado na Zona Tampão, tangencial aos limites da Paisagem Cultural Património da Humanidade, cobrindo uma área estimada de 421 ha (PROFICO Ambiente, 2008a; ICOMOS-IFLA, 2011; WHC, ICOMOS e IUCN, 2012). O território afetado envolve cinco municípios localizados no Noroeste de Portugal: Alijó, Carrazeda de Ansiães, Mirandela, Murça e Vila Flor. Esta é uma região com crescentes problemas de perda de população e uma população rural envelhecida.[5] De um ponto de vista socioeconómico, é uma região pobre.[6]

1.2. O EIA e as suas conclusões

No procedimento EIA do projeto da barragem de Foz Tua, os impactos foram classificados de acordo com a sua natureza (positivos

---

[3] Decreto-lei n.º 197/2005, de 8 de novembro, que emendou o Decreto-lei n.º 69/2000, de 3 de maio.
[4] Anteriormente uma empresa pública, privatizada em dezembro de 2011.
[5] A população nestes cinco concelhos está a diminuir desde 1991 (de 66 970 em 1991 para 62 446 em 2001 e 54 814 em 2011. Censos 2011: Instituto Nacional de Estatística – www.ine.pt). A percentagem de pessoas com mais de 65 anos em relação ao total da população estava próxima de 27,5% (em 2011), enquanto o mesmo indicador para Portugal era de 19% e para a Região Nordeste era de 17,1% (Censos 2011: INE – www.ine.pt). O setor primário representa cerca de 18% do emprego total, contrastando com a percentagem nacional e da Região Nordeste (cerca de 3% em ambos os casos, Censos 2011: INE – www.ine.pt)
[6] Em 2009, o poder de compra *per capita* nestes concelhos, com a exceção de Mirandela, era de apenas metade da média nacional (INE – www.ine.pt).

ou negativos), magnitude (baixa, média e elevada) e significância (muito significativo, significativo ou pouco significativo). A sua avaliação integrada foi graduada numa escala de -5 a +5.

De acordo com o EIA, os impactos positivos mais importantes estão relacionados com a redução de gases com efeito de estufa (+2,13), o aumento da produção de energia hídrica e o reservatório de água estratégico (os últimos dois foram avaliados conjuntamente com +1,95) (PROFICO Ambiente, 2008b: 299, 308). Outros impactos positivos referem-se ao contributo para uma melhor integração de fontes de energia eólica na rede elétrica nacional[7] e a redução da dependência de importações de energia.

Os impactos negativos foram avaliados para a cota mais baixa. Estes foram a perda de ecossistemas terrestres e aquáticos (-2,60 e -3,38), aspetos sociais e económicos adversos devido principalmente à submersão de parte da Linha do Tua[8] e perda da atividade económica local (-2,07), submersão de terras (-2,0), perda de valor paisagístico relacionado sobretudo com a submersão do vale do Tua (-1,74), degradação da qualidade da água (-1,40) e perda de património como resultado sobretudo da já mencionada submersão de parte da Linha do Tua (-1,40) (PROFICO Ambiente, 2008b: 296-316).

De acordo com o EIA, os impactos negativos da barragem de Foz Tua eram superiores aos positivos (PROFICO Ambiente, 2008a: 17). Isso, no entanto, não impedia o EIA de concluir favoravelmente pela construção da barragem já que considerava que os impactos negativos podiam ser compensados com a adoção de medidas suplementares.

A compensação era defendida no EIA e, consequentemente, na DIA, nos casos seguintes: a perda de mobilidade devido à

---

[7] A energia eólica é usada na barragem de Foz Tua para bombear água do reservatório da Régua no Rio Douro.
[8] Implica a submersão de 15,9 km da Linha do Tua (PROFICO Ambiente, 2008a: 21).

submersão de parte da Linha do Tua, em particular, a perda da ligação entre a Linha do Tua e a Linha do Douro poderia ser atenuada através da oferta de transportes públicos alternativos à população local, por autocarro ou comboio numa nova linha a ser construída a uma cota mais alta (MAOTDR/APA, 2009: 1-2, 12-13).[9]

O EIA também defendia que as perdas ecológicas e paisagísticas resultantes da submersão do vale do Tua poderiam ser compensadas pela criação de quatro núcleos temáticos e/ou museus em memória do vale. Adicionalmente, a perda de valores naturais e da sua preservação seria compensada por contribuições monetárias anuais para o Fundo de Conservação da Natureza e da Biodiversidade e pela criação de uma nova agência de desenvolvimento regional que seria constituída em associação com autoridades locais e regionais.[10]

Os impactos económicos e sociais, devido sobretudo à submersão de terras, nomeadamente vinha e olival, seriam compensados através de indemnizações a proprietários, assim como contribuições para a mencionada agência de desenvolvimento regional.[11]

A análise do EIA envolve escolhas metodológicas que são claramente controversas. Por exemplo, a ameaça potencial ao Património Mundial Alto Douro Vinhateiro foi considerada negligenciável. Por sua vez, a submersão do vale do Tua implica o desaparecimento de um dos últimos rios selvagens de Portugal. Além disso, esta secção do vale – Baixo Tua – é uma paisagem ecológica e cénica

---

[9] No entanto, esta possibilidade foi sempre descartada pela EDP, considerando o seu elevado custo. Presentemente não existe qualquer transporte rodoviário e a população tem de viajar usando carro privado ou táxi. Os custos com o táxi são suportados pela EDP.

[10] Esta compensação monetária a ser paga pela EDP corresponde a 3% da receita da barragem.

[11] À cota aprovada (170) a submersão de vinha irá corresponder a 12 ha.

impressionante, um «ecossistema único sem preço»[12] (base de dados do IPPAR citada em WHC, ICOMOS e IUCN, 2012: 28). O facto de esta unidade paisagística – Baixo Tua – estar integrada para efeitos de avaliação com duas outras unidades paisagísticas da mesma área de intervenção do projeto, que são consideradas de "menor identidade e raridade" (Alto Douro Vinhateiro e Terra Quente Transmontana), reduziu a negatividade da avaliação global (PROFICO Ambiente, 2008b).

O procedimento de consulta pública durou quase dois meses (22 de dezembro de 2008 a 18 de fevereiro de 2009). Entre as 115 opiniões escritas recebidas, 18 eram de administrações locais, ONG e associações de produção de vinho (6 eram contra o projeto da barragem de Foz Tua), e 97 eram de cidadãos (88 contra o projeto). Os argumentos contra assentavam sobretudo na submersão da Linha do Tua e do vale do Tua, a submersão de terras (vinha em particular) e a degradação da qualidade da água.[13] Vale a pena assinalar que a Direção Regional de Cultura do Norte, o departamento do governo português responsável por questões de património cultural, e o Instituto de Gestão do Património Arquitetónico e Arqueológico (IGESPAR) deram parecer negativo ao projeto da barragem de Foz Tua, dados os impactos negativos importantes que poderiam ser causados no património, nomeadamente o Património Mundial Alto Douro Vinhateiro e a histórica Linha do Tua (MAOTDR/APA, 2009: 22). Esta avaliação negativa foi desconsiderada. No balanço final, a decisão foi favorável à construção do projeto da barragem de Foz Tua com base na asserção de que

---

[12] Apesar das caraterísticas paisagísticas cénicas e ecológicas, o Vale do Tua não integra a Rede Natura 2000.
[13] No estudo da ARCADIS/ATECMA (2009), encomendado pelo Diretório Geral de Ambiente da Comissão Europeia, concluiu-se que, na Avaliação Ambiental Estratégica do PNBEPH, os impactos negativos para a qualidade da água não foram devidamente considerados.

o PNBEPH é de "interesse nacional".[14] De acordo com esta lógica de interesse nacional, uma parte de um plano global visto como estratégico, cuja exclusão poderia pôr em causa todo o plano, nunca poderia ser rejeitada por muito negativos que fossem os impactos do projeto particular.

1.3. O Centro de Património Mundial da UNESCO chega à ribalta: valores patrimoniais e perícia

O Alto Douro Vinhateiro em torno da barragem está inscrito na lista do Centro de Património Mundial da UNESCO como paisagem cultural desde 2001. Recorde-se que, de acordo com o EIA, a intrusão da barragem na paisagem cultural do Alto Douro Vinhateiro (ADV) seria marginal e de impacto reduzido. Esta conclusão, contudo, foi desafiada quando, no seguimento de uma denúncia do PEV, uma missão do ICOMOS[15] visitou o ADV para avaliar o estado de conservação do local e o potencial impacto da barragem de Foz Tua no Valor Universal Excecional (VUE) da propriedade, a sua autenticidade e integridade (ICOMOS-IFLA, 2011; WHC, ICOMOS e IUCN, 2012).

Para esta missão, era particularmente estranho que os «trabalhos de construção tivessem começado em abril de 2011, antes das recomendações da missão de aconselhamento serem conhecidas e antes do Comité de Património Mundial pudesse considerar o projeto» (WHC, ICOMOS e IUCN, 2012: 41).

Contrariamente ao EIA, a missão de aconselhamento do ICOMOS observou que o projeto da barragem de Foz Tua teria um

---

[14] Os opositores do projeto da barragem de Foz Tua esperavam ser capazes de travar o projeto. De facto, existia um precedente importante. Em 1995, a construção de outra barragem, em Foz Côa, acabou por ser impedida por um grande movimento social em oposição à submersão de gravuras pré-históricas (Ferreiro et al., 2013).

[15] O ICOMOS (Conselho Internacional de Monumentos e Sítios) é uma organização não-governamental internacional dedicada à conservação dos monumentos e locais classificados no mundo (www.icomos.org).

impacto irreversível e ameaçaria o valor excecional do património, dado que o «impacto ecológico e visual do projeto de barragem de Foz Tua é completamente apreciado dentro do sítio Património Mundial» (ICOMOS-IFLA, 2011: 13). Apesar da missão de aconselhamento do ICOMOS ter reconhecido a existência de várias medidas de mitigação e compensação, a verdadeira questão para a missão era se «a barragem de Foz Tua deve ser construída de todo» (ICOMOS-IFLA, 2011: 24).

No seguimento do relatório da missão de aconselhamento do ICOMOS, o Comité do Património Mundial (CPM) e os Corpos de Aconselhamento da 36.ª Sessão do Comité do Património Mundial recomendaram, em junho de 2012, a interrupção dos trabalhos de construção da barragem até que uma análise cuidadosa dos impactos de um plano revisto para o projeto da barragem de Foz Tua no valor património da humanidade da propriedade pudesse ser realizada.

Na realidade, perante a ameaça à inscrição do Alto Douro Vinhateiro na lista de Património Mundial em Perigo, o governo português enfrentou esta recomendação com grande preocupação. Em resposta, o governo solicitou uma missão reativa conjunta de monitorização CPM-ICOMOS-UICN[16] ao local para considerar o impacto potencial de um projeto revisto para a barragem no valor património da humanidade da propriedade.

Em abril de 2012, o Embaixador de Portugal na UNESCO encontrou-se com o Diretor do Comité do Património Mundial e reiterou o convite para uma missão conjunta ao Tua logo que possível; tendo-se encontrado também com diferentes membros do Comité tentando persuadi-los de que já estavam a ser implementadas mudanças em relação ao projeto da barragem de Foz Tua, de modo a tornar compatível o projeto global planeado com a classificação do Alto Douro Vinhateiro como património mun-

[16] União Internacional para a Conservação da Natureza (www.iucn.org).

dial. Além disso, o governo decidiu propor o adiamento das obras de construção até que o relatório da missão conjunta pudesse ser conhecido e as recomendações implementadas. Assim, em junho de 2012, um projeto revisto para a construção da barragem de Foz Tua foi apresentado na 36.ª sessão do Comité de Património Mundial, em São Petersburgo, e solicitada uma missão reativa conjunta CPM-ICOMOS-UICN à propriedade.[17]

De 30 de julho a 3 de agosto de 2012, realizou-se a missão reativa conjunta de monitorização para avaliar as consequências do projeto da barragem de Foz Tua revisto. Neste projeto revisto, a central elétrica seria construída no subsolo e a área adjacente seria alvo de melhoramento paisagístico, num projeto desenhado por Eduardo Souto de Moura, um arquiteto português de renome.

Este novo projeto foi muito bem recebido pela missão conjunta, levando-a a concluir que «reduz substancialmente os impactos visuais da construção» (WHC, ICOMOS e IUCN, 2012: 2). Para a missão de monitorização reativa conjunta, esta revisão do projeto contribuiu substancialmente para superar a oposição frontal ao projeto anteriormente expressa pelo ICOMOS. A missão conjunta concluiu favoravelmente quanto à compatibilidade do projeto planeado para a barragem de Foz Tua e o estatuto de património mundial da paisagem cultural do Alto Douro Vinhateiro. Para a missão, as caraterísticas fundamentais da paisagem cultural, nomeadamente os socalcos de vinha cultivados na encosta, não foram comprometidos pela barragem. No entanto, impactos negativos importantes na paisagem, na zona tampão e perda de conservação da natureza foram reconhecidos, dado que o vale do Tua seria submerso.

As consequências da intervenção do Comité do Património Mundial da UNESCO foram, portanto, alterações menores no projeto destinadas a minimizar o impacto visual da barragem e o

---

[17] Decisão CPM 36 COM 7B.81 adotada por unanimidade pelo Comité.

adiamento por um ano dos trabalhos de construção, cuja conclusão está agora planeada para setembro de 2016.

1.4. A saliência da Linha do Tua na controvérsia pública em torno da barragem de Foz Tua

A intervenção da UNESCO reacendeu uma controvérsia iniciada em 2006, logo que o EIA foi iniciado. Nesse ano, foi formado o Movimento Cívico pela Linha do Tua e realizada uma primeira manifestação contra a barragem, organizada pelos agricultores de Murça.

Nos anos seguintes, ocorreram numerosas iniciativas contra a barragem promovidas por ONG ambientalistas e movimentos locais, assim como partidos políticos. Uma coligação alargada cresceu a partir da defesa da Linha do Tua e do Vale do Tua contra a inundação. As suas iniciativas abrangeram o ecoturismo, vigílias e manifestações na sede da EDP. Duas petições foram entregues no parlamento, em 2008 e 2012, com milhares de assinaturas. Visitas à região do Douro por representantes do governo e pelo Presidente da República foram acompanhadas de protestos. A contestação à barragem de Foz Tua ecoou no parlamento, com o apoio de partidos de esquerda e dos Verdes.

Estes atores também usaram os canais institucionais disponíveis. Várias queixas contra as obras de construção foram apresentadas em tribunal, baseadas em irregularidades encontradas por ativistas locais. Uma queixa foi feita à Comissão Europeia por alegado incumprimento das Diretivas Europeias em relação à qualidade da água e à biodiversidade. Uma estimativa do custo do programa nacional de barragens para os consumidores foi entregue à *troika*.[18]

---

[18] Designação atribuída à equipa do FMI, do BCE e da Comissão Europeia que coordena a intervenção em países da UE altamente endividados, no seguimento da crise de 2008.

Seguindo as notícias de que a designação de Património Mundial poderia estar em perigo de ser retirada pela UNESCO, os produtores de vinho da Região do Douro juntaram-se aos protestos em 2012.

A controvérsia pública foi altamente focada na submersão da Linha do Tua. Na defesa da linha fundiam-se duas preocupações diferentes: a mobilidade, por um lado, e o valor patrimonial da linha, por outro. No que respeita a mobilidade, os apoiantes da barragem defenderam que a Linha do Tua iria ser desativada de qualquer forma, dado que o número de pessoas que a usavam era pequeno. Além disso, havia problemas de segurança. Desde 2007, ocorreram quatro acidentes nesta linha que causaram vítimas mortais. Em agosto de 2008, quando um destes acidentes causou uma vítima mortal e 43 feridos, a ligação entre Brunheda e Cachão foi interrompida.[19] Argumentou-se ainda que o transporte público à população já não era garantido pela Linha do Tua.

A oposição à desativação do que resta da Linha do Tua seguiu-se a anteriores protestos contra o encerramento da mesma linha entre Mirandela e Bragança, em 1992, que incluíram uma manifestação em Bragança e vários casos de rotas alternativas cortadas pelos habitantes locais.

A desativação progressiva da Linha do Tua resultou de uma negligência continuada desta linha. Ilustrativamente, enquanto em 1936 uma viagem de comboio entre o Tua e Bragança (uma distância de cerca de 130 km) demorava quatro horas, em 1986, a mesma viagem demorava quatro horas e meia.[20] Dada a negligência, esta linha perdeu um número considerável de passageiros. Em 1999, o número de passageiros tinha descido 80% em relação a 1990.

---

[19] Presentemente, apenas doze quilómetros de Linha do Tua, entre Cachão e Mirandela, continuam ativos e o número de passageiros diminuiu.

[20] Ver "Pare, Escute e Olhe", um documentário da autoria de Jorge Pelicano (disponível em http://www.youtube.com/watch?v=hCN9jk1TYQ0).

Dado este declínio da Linha do Tua, em 2006, o argumento da mobilidade já não era eficaz contra a submersão da linha pela barragem. Mais apelativo como argumento público era o valor patrimonial da linha. A Linha do Tua foi inaugurada em 1887 e ligava a estação do Tua a Bragança, passando por Mirandela, ao longo do Rio Tua. Em setembro de 2010, um processo de classificação da Linha do Tua como "património nacional" foi iniciado pelo Ministério da Cultura e o IGESPAR com o apoio de uma petição com mais de 5000 assinaturas.[21] No entanto, em novembro de 2010 o processo de classificação foi arquivado depois de um relatório de avaliação negativo pelo Conselho Nacional de Cultura.[22]

2. Conflitos de valores e instituições na controvérsia em torno da barragem de Foz Tua

2.1. Mapeando a controvérsia

Apesar de toda a oposição e controvérsia, a barragem será concluída. A intervenção da UNESCO levou a uma crise do processo de decisão pública. Contudo, esta crise foi apenas temporária. Tanto o governo como a EDP foram bem-sucedidos em persuadir a UNESCO e evitar a reversão do projeto, com o custo de algumas adaptações.

A controvérsia em torno da barragem de Foz Tua expôs a pluralidade e a natureza conflituante dos valores em jogo, assim como a complexidade das razões e dos significados evocados pelos vários atores.

As preocupações expressas por diferentes atores – ativistas, representantes do governo e agentes económicos – durante a controvérsia pública, incluindo nas entrevistas com a nossa equipa de investigação, são variadas. Vão desde valores intrínsecos ao

[21] *Diário da República*, Anúncio n.º 8665/2010.
[22] *Diário da República*, Anúncio n.º 10853/2010.

ambiente e ao património, até ao lucro económico, envolvendo também considerações de justiça, nomeadamente, justiça espacial, transparência política e democracia.

Estes valores não refletem apenas interesses ou preferências dos indivíduos. Como é frequentemente assinalado por autores pragmatistas e institucionalistas (Dewey, 1930 [1922]; Dewey, 2008 [1938-1939]; Joas, 1996; Bromley, 2006; Hodgson, 2006; Costa e Caldas, 2011; Putnam e Walsh, 2012), os valores devem ser interpretados com referência a um contexto. Para estes autores, os valores não são "dados" nem prévios à ação. São valores em ação, descobertos e reconfigurados no contexto da ação. Os valores são evocados, reformulados e recombinados de formas complexas. Os conflitos de valores e a tensão resultante ocorrem não apenas entre atores mas também nos atores.

Uma caraterística da controvérsia muito saliente é que muita da oposição à construção da barragem foi uma expressão do apego das comunidades locais a um território e a um sentido de identidade. Já foi anteriormente referido que a Linha do Tua e o seu destino polarizou muito do debate. No entanto, a linha de caminho de ferro era muito mais do que uma linha de caminho de ferro. Em si mesma, era valorizada como um património histórico e cultural único. Mas era também uma forma excecional de gozar e contemplar a paisagem notável e a riqueza ecológica do Vale do Tua. Citando uma representante de um dos movimentos locais: «O comboio é como os olhos do Vale do Tua, daquela paisagem linda, dura, que é o Vale do Tua».

O apego ao território expresso pelos movimentos locais, transcende o amor pela "bela, dura paisagem" do vale do Tua. É uma ligação que abomina a perspetiva de declínio demográfico e a perda de população do território. A desativação da linha de caminho de ferro é, portanto, também entendida como um fator de crescente isolamento do mundo exterior, contribuindo para a migração da população jovem.

Os promotores da barragem – EDP e governo –, ansiosos por mobilizar o apoio local para o projeto, demonstraram estar bem cientes da importância deste apego afetivo. Foram cuidadosos a articular um discurso sobre o potencial da barragem para o desenvolvimento local e a seduzir os autarcas locais com medidas compensatórias dirigidas a aspetos socioeconómicos: um plano de mobilidade turística (composto de comboio-autocarro-teleférico--barco-comboio) foi antecipado, além da valorização da parte da Linha do Tua que não será submersa através da candidatura a fundos comunitários, de um programa de apoio ao empreendedorismo local e da criação de um parque natural regional.

Uma segunda caraterística saliente da controvérsia é a produção de argumentos e justificações por oponentes da barragem bastante ecléticas em termos de orientação de valores.

Um facto ilustrativo da tensão na orientação de valores nas justificações é o facto de os mesmos ativistas que proclamaram que o "vale do Tua não tem preço", implicando que o seu valor é intrínseco, mobilizaram também no seu discurso público argumentos económicos em favor da preservação da linha e vale do Tua.

O potencial turístico da linha do Tua – um turismo comprometido com o património cultural e a natureza – foi frequentemente apontado pelos oponentes da barragem, principalmente os movimentos locais. Defendiam a ligação entre o Douro e Bragança, através da qual a Linha do Tua deveria ser reestabelecida e complementada com uma ligação entre Bragança e Puebla de Sanabria[23], em Espanha, onde uma ligação ao comboio de alta velocidade irá em breve existir. O presidente da câmara de Mirandela, que rejeitou o projeto da barragem do Tua desde o início e mais tarde reverteu a sua posição, é um fervoroso apoiante deste projeto. A promoção da atividade económica local e o aumento do emprego, maiorita-

---

[23] Note-se que a distância entre Bragança e Puebla de Sanabria é de 41 km.

riamente ligado à atividade turística, foram argumentos usados na defesa desta abordagem.

No discurso público dos oponentes à construção da barragem, encontramos assim uma combinação da defesa dos valores intrínsecos insubstituíveis ligados ao ambiente e ao património do vale do Tua e dos seus "olhos" (a linha de caminho de ferro), e uma justificação "económica" instrumental para a sua preservação. Por um lado, nenhum montante pode compensar a perda do vale e dos seus "olhos" – o vale tem de ser preservado porque tem um valor intrínseco –, de outro, o vale deve ser preservado também porque pode trazer dinheiro para a região, permitindo o seu desenvolvimento e sobrevivência demográfica, porque o seu valor é instrumental no que concerne a outros fins. O defensor do valor intrínseco do vale e do caminho de ferro, que mobiliza argumentos "económicos" para a sua preservação, está frequentemente consciente da natureza instrumental dos argumentos "económicos". Aparentemente, acredita que, de modo a poder participar num diálogo público dominado por padrões de custo-benefício monetários em detrimento de apegos afetivos, deve aprender e usar a linguagem monetizada.

Uma terceira caraterística da controvérsia pública é que, no debate público, os julgamentos valorativos decisivos são enquadrados por padrões e critérios técnico-científicos e político-burocráticos supostamente factuais.

Para o governo, algumas das suas agências governamentais e a EDP, em jogo estava sobretudo uma reserva de água situada na bacia hidrográfica do Rio Douro, uma produção hidroelétrica crescente e o potencial de armazenamento de energia eólica decorrente da reversibilidade da barragem de Foz Tua. O PNBEPH compromete-se com os objetivos de aumentar a capacidade hidroelétrica nacional para 7000 MW até 2020 e aumentar a capacidade de bombagem hidráulica para 2000 MW. Opositores da barragem, nomeadamente associações ambientalistas, não se coibiram de participar nesta arena técnico-científica. Desvalorizaram o potencial de produção hidroelétrica como uma justificação para o empreendimento planeado. De acordo com estas associações, o desempenho da barragem de Foz Tua em termos de produção corresponde a apenas 0,7% do consumo de eletricidade português em 2012.[24] Para estas ONG, um aumento tão pequeno na produção de eletricidade não justifica um investimento que, medido em termos dos custos totais de construção, atingirá 177 milhões de euros, não incluindo o custo adicional da central elétrica subterrânea.

Num memorando entregue à *troika* e ao governo português, em agosto de 2011, e posteriormente na posição sobre a barragem de Foz Tua e o Alto Douro Vinhateiro da missão reativa conjunta CPM-ICOMOS-UICN, as ONG ambientalistas, os movimentos sociais e as empresas de produção de vinho defenderam que os objetivos do PNBEPH em relação à capacidade hidroelétrica total e o aumento da capacidade de bombagem hidráulica já haviam sido excedidos dadas as melhorias nos empreendimentos hidráulicos mesmo sem a barragem de Foz Tua. Argumentaram também que o programa nacional de barragens iria aumentar o custo de vida, nomeadamente tendo um impacto na conta de eletricidade de pelo menos 10% (GEOTA *et al.*, 2011: 4). Acusaram o governo português de ter aprovado, em agosto de 2012, um diploma legal que estabeleceu subsídios para as centrais elétricas que seriam inaceitavelmente custosos para os contribuintes. No que concerne à barragem de Foz Tua, dada a potência estimada de 234 MW, o subsídio seria de 13 000 euros/MW por ano, totalizando mais de 3 milhões por ano na altura da concessão à EDP.[25]

---

[24] A produção elétrica de Foz Tua (em GWh) foi estimada em 340 para a cota de 195m (INAG/DGEG/REN, 2007) e o consumo de eletricidade português em 2012 foi de 49 057 (em GWh) (fonte: REN).

[25] *Diário da República*, Portaria n.º 251/2012, de 20 de agosto.

Resumindo, no caso Foz Tua, podem identificar-se diferentes "vocabulários e critérios valorativos" partilhados dentro de grupos sociais envolvidos em práticas sociais particulares e levando a julgamentos valorativos de um certo tipo (O'Neill, 1997: 75; Trainor, 2006): a) o vocabulário e os critérios técnico-científicos dos autores do EIA e do Comité do Património Mundial e seus corpos conselheiros;[26] b) o vocabulário e os critérios político-burocráticos partilhados pelas agências governamentais e autarquias; c) o vocabulário e os critérios empresariais da EDP e dos produtores de vinho; d) o vocabulário e os critérios de apego à natureza e ao património da população local e dos movimentos, ONG ambientalistas e também produtores de vinho.

Os diferentes critérios de avaliação não estão ao mesmo nível. De facto, o poder encontra-se distribuído de forma assimétrica entre os atores. Os argumentos a que os atores recorrem são articulados, como se discutiu no capítulo 1, em gramáticas distintas. Vale a pena recordar que o PNBEPH e a barragem de Foz Tua foram apoiados pelo governo. Estes projetos foram justificados como uma prioridade nacional, excluindo outras alternativas como, por exemplo, centrais hidroelétricas de pequena escala com menor impacto ambiental.

Associado à proeminência do vocabulário e dos critérios político-burocráticos está a hegemonia de uma linguagem técnico-científica incorporada em procedimentos supostamente racionais de tomada de decisão, como o procedimento EIA (Spash, 1997). A proeminência do político-burocrático e do técnico-científico tende a dar saliência a certos valores em detrimento de outros (como valores menos propensos à medição como os que estão associados a ligações ao território), sendo que mesmo os impactos cumulativos da existência de várias barragens na bacia hidrográfica do Rio Douro foram subestimados.

[26] As associações ambientalistas também participaram no diálogo nesta linguagem particular, disputando os "factos" assinalados.

2.2. Lidando com conflitos de valores

A proeminência do político-burocrático e do técnico-científico é claramente determinante da forma como os conflitos de valores são geridos e os julgamentos valorativos produzidos. Como se referiu atrás, subjacente ao procedimento EIA está uma lógica de compensação que pressupõe cálculo e comensuração.

Em vez de abordar instrumentos de tomada de decisão como meras técnicas para suportar a escolha racional, é importante reconhecê-los como «tipos de *instituições articuladoras de valores*» (O'Neill, 1993; Jacobs, 1997: 213). Instrumentos de tomada de decisão, como o procedimento EIA, promovem uma abordagem particular para lidar com conflitos de valores que tende a suprimir, através da compensação, a possibilidade de um «conflito real ou significativo» (Dewey, 1930 [1922]: 216).

Os conflitos que ocorrem devem ser abordados, de acordo com o procedimento EIA, através da "negociação", em vez do "diálogo racional" (O'Neill, 1997). A maior parte dos entrevistados, mesmo aqueles que defendem a construção da barragem, reagiram negativamente quanto lhes foi perguntado se concordavam com a existência de uma compensação, nomeadamente uma compensação monetária, para a submersão do vale do Tua e de parte da linha de caminho de ferro. Expressões da unicidade da natureza e dos valores patrimoniais são portanto mobilizados no discurso.

No entanto, no âmbito da "negociação", não há lugar para valores incomensuráveis e a correspondente recusa de *trade-offs*. Valores menos mercantilizáveis como os relacionados com apegos com a natureza e o património tendem portanto a ser ostracizados da "negociação" ou corrompidos durante o processo de "negociação" (Raz, 1986; Radin, 1997; Richardson, 1997; Tetlock *et al.*, 2000).

Além disso, a "negociação" é habitualmente enviesada já que o poder está distribuído desigualmente entre atores. Enfrentando a possibilidade de compensação pela destruição da beleza do vale e do caminho de ferro, os movimentos e a população locais, as

ONG ambientalistas e os autarcas locais estão numa posição difícil. Ou aceitam a perda de parte do que é visto como constitutivo da sua identidade – a Linha do Tua e o vale – e obtêm a respetiva "compensação" pela perda, ou prescindem da compensação e da sua promessa de modernização, a ser suportada pela agência de desenvolvimento regional. Enfrentados com uma escolha trágica[27] deste tipo, autarcas, como por exemplo o presidente de câmara de Mirandela, tentaram superá-la envolvendo-se no processo com uma defesa estratégica da unicidade do vale e da linha, isto é, motivada pela preocupação de aumentar o valor da compensação.

O presidente de câmara de Mirandela ilustra este envolvimento estratégico na negociação quando entrevistado, ao dizer: «assim que a decisão foi tomada, a contestação política e social perdeu o seu sentido, o que tem de ser feito é proteger as populações locais e mitigar os impactos negativos da barragem, negociando medidas compensatórias».

No entanto, a "negociação" e a compensação não são a única forma de superar os conflitos de valores. Uma literatura vasta sobre tomada de decisão (Simon, 1955; Wiggins, 1975-1976; Pildes e Anderson, 1990; Richardson, 1997; Thacher e Rein, 2004; Lichtenstein e Slovic, 2006; Shafir *et al.*, 2006; Costa, 2008; Gigerenzer, 2010) aborda formas de lidar com os conflitos de valores, ao nível individual ou coletivo, que dispensam a comensuração e a compensação.

De facto, alguns entrevistados foram claros na identificação destas modalidades de composição de valores. Para os movimentos locais e as associações ambientalistas, o compromisso com a preservação da natureza e do património cultural é incompatível com a construção da barragem de Foz Tua. Por muito alto que seja o

---

[27] A tragédia, de acordo com Nussbaum (2000), ocorre sempre que de entre as alternativas de escolha não há nenhuma opção que possa ser não dúbia ou aceitável de um ponto de vista moral.

valor de ganhos materiais, não há compensação para a submersão do vale do Tua e de parte da linha de caminho-de-ferro. Recusam assim *trade-offs* entre ganhos materiais e o vale e a linha do Tua. O reforço de potência nas barragens existentes e medidas de eficiência energéticas foram portanto defendidas por associações ambientalistas e movimentos locais como alternativas realistas à construção da barragem que podem preservar ao mesmo tempo os valores ambientais e patrimoniais do vale do Tua e da linha de caminho de ferro e os objetivos económicos do governo e da EDP. Esta é claramente uma composição de valores atingida através da descoberta de novas alternativas.

A UNESCO tentou antes atingir uma composição de valores através do zonamento (*firewalling*) (Thacher e Rein, 2004) do Alto Douro Vinhateiro, isto é, através da proteção da área classificada da intrusão visual da central elétrica perto da barragem. De acordo com o Comité do Património Mundial, o projeto revisto com a central elétrica subterrânea permite uma redução substancial do impacto visual. Além disso, a UNESCO reconheceu o custo ambiental da barragem e exprimiu a sua preocupação com o desrespeito, por parte do procedimento EIA, dos impactos cumulativos da existência de várias barragens na bacia hidrográfica do Douro. No entanto, para a UNESCO, a responsabilidade por estes impactos não reside em si mas em outras instituições ou organizações. O zonamento e a separação de esferas ofereceram assim à UNESCO uma forma de lidar com o conflito de valores.

Todavia, na fase final do processo, a UNESCO envolveu-se claramente numa negociação, mostrando que a classificação de património mundial está longe de implicar uma restrição absoluta a ser garantida quaisquer que sejam os benefícios das grandes infraestruturas ou outras intrusões no território. De acordo com a missão reativa conjunta, seria possível construir a barragem mas os impactos negativos potenciais teriam de ser substancialmente mitigados e o respeito por algumas recomendações deveria ser garantido.

Conclusão

Foram identificadas três caraterísticas salientes da controvérsia sobre o projeto da barragem de Foz Tua: a) a maior parte da oposição à barragem foi uma expressão de apegos das comunidades locais ao território; b) os opositores da barragem de Foz Tua produziram argumentos e justificações que eram bastante ecléticos em termos de orientação de valores; c) no debate público, os julgamentos valorativos decisivos foram enquadrados por padrões e critérios técnico-científicos e político-burocráticos supostamente factuais que implicam a marginalização dos apegos ao território e do sentido de identidade das populações.

Podem inferir-se algumas implicações em relação aos dispositivos de suporte à tomada de decisão pública, nomeadamente o procedimento EIA. Primeiro, apesar da metodologia EIA abranger a consideração de impactos de diferente natureza – desde ambientais e ecológicos até socioeconómicos e relativos ao património – a ênfase na quantificação desses impactos conduz a que se negligenciem ou se deixem de lado valores menos passíveis de serem mensurados. É o caso daqueles que se relacionam com os apegos das comunidades locais ao território, dispensados do debate como afetivos ou emocionais.

Segundo, ao apoiar-se numa lógica de compensação, o procedimento EIA torna a rejeição do projeto um resultado pouco provável da decisão, pelo menos desde que o promotor do projeto esteja disposto a suportar os custos associados às medidas compensatórias.

Terceiro, o procedimento EIA, como se referiu anteriormente, constitui um mecanismo institucional que promove uma abordagem particular à forma como os valores são expressos pelos atores envolvidos e como os conflitos de valores são tratados. A abordagem privilegiada é a da compensação e negociação. Expressões de unicidade da natureza e do património foram mobilizadas durante a controvérsia a par de argumentos instrumentais a favor da preservação do vale e da linha do Tua. Todavia, dada a ênfase do processo de tomada de decisão na quantificação e numa lógica de compensação, são a comensuração e a negociação que prevalecem como forma de resolução dos conflitos de valores.

Em vez de uma técnica neutra em valores, o EIA tende assim a incluir valores mensuráveis e quantificáveis e a negligenciar ou deixar de lado aqueles relacionados com ligações com o ambiente e o património, dispensando-os como afetivos ou emocionais.

Em suma, a análise do caso de Foz Tua sugere que – além de más práticas processuais, que são inaceitáveis mesmo no quadro de um EIA padrão, como a não informação e consulta de atores chave como a UNESCO – a metodologia EIA em si mesma tende a construir um enquadramento de "negociação" que exclui a descoberta inteligente de possíveis composições de valores.

Referências bibliográficas

ARCADIS/ATECMA (2009), *Technical assessment of the Portuguese National Programme for Dams with High Hydropower Potential*. Bruxelas: ARCADIS/ATECMA. Versão eletrónica disponível em http://www.yumpu.com/en/document/view/45742428/final-report-technical-assessment-of-the-portuguese-national-

Bromley, Daniel (2006), *Sufficient Reason. Volitional Pragmatism and the Meaning of Economic Institutions*. Princeton: Princeton University Press.

Costa, Ana (2008), "A Dificuldade da Escolha. Acção e Mudança Institucional", tese de doutoramento. Lisboa: ISCTE.

Costa, Ana; Caldas, José Castro (2011), "Claiming Choice for Institutional Economics", *Journal of Economic Issues*, 45(3), 665-684. Doi: http://dx.doi.org/10.2753/JEI0021-3624450308

Dewey, John (1930 [1922]), *Human Nature and Conduct. An Introduction to Social Psychology*. Nova Iorque: The Modern Library.

Dewey, John (2008 [1938-1939]), "Theory of Valuation", *in* Jo Ann Boydston (org.), *The later works of John Dewey, 1925-1953. Volume 13: 1938-1939*. Carbondale, IL: Southern Illinois University Press, 189-252.

Ferreiro, Maria de Fátima; Gonçalves, Maria Eduarda; Costa, Ana (2013), "Conflicting values and public decision: The Foz Côa case", *Ecological Economics*, 86, 129-135. Doi: http://dx.doi.org/10.1016/j.ecolecon. 2012.10.006

GEOTA, FAPAS, LPN, Quercus, CEAI, Aldeia, COAGRET, Flamingo, SPEA, MCLT (2011), *Memorandum. The Portuguese dam program: Economic, social and environmental disaster*, entregue à Comissão Europeia, FMI, BCE e Governo português. Versão eletrónica disponível em http://www.geota. pt/xfiles/scContentDeployer_pt/docs/Doc2243.pdf

Gigerenzer, Gerd (2010), "Moral Satisficing: Rethinking Moral Behavior as Bounded Rationality", *Topics in Cognitive Science*, 2(3), 528-554. Doi: http://dx.doi.org/10.1111/j.1756-8765.2010.01094.x

Hodgson, Geoffrey M. (2006), "What Are Institutions?" *Journal of Economic Issues*, XL(1), 1-25. Versão eletrónica disponível em http://www.geoffreyhodgson.info/user/bin/whatareinstitutions.pdf

ICOMOS-IFLA International Scientific Committee on Cultural Landscapes (2011), "World Heritage List: Advisory mission to ALTO DOURO WINE REGION (PORTUGAL) to consider the impacts of the proposed Hydro-electric Foz Tua Dam Project", Relatório para o UNESCO World Heritage Centre. Versão eletrónica disponível em https://aventadores. files.wordpress.com/2011/12/report-advisory-mission-alto-douro-icomos_20110805.pdf

INAG/DGEG/REN – Instituto Nacional da Água/ Direcção-Geral de Energia e Geologia/Redes Energéticas Nacionais (2007), *Programa Nacional de Barragens com Elevado Potencial Hidroeléctrico (PNBEPH) – Memória*. Versão eletrónica disponível em http://rioslivresgeota.org/wp-content/uploads/2015/04/plano_barragens_memoria_final1.pdf

Jacobs, Michael (1997), "Environmental Valuation, Deliberative Democracy, and Public Decision-Making Institutions', *in* J. Foster (ed.), *Valuing Nature? Economics, Ethics and Environment*. Londres: Routledge, 211-231.

Joas, Hans (1996), *The Creativity of Action*. Cambridge: Polity Press.

Lichtenstein, Sarah; Slovic, Paul (orgs.) (2006), *The Construction of Preference*. Nova Iorque: Cambridge University Press.

MAOTDR/APA – Ministério do Ambiente, do Ordenamento do Território e do Desenvolvimento Regional/Agência Portuguesa do Ambiente (2009), *Declaração de Impacte Ambiental do Aproveitamento Hidroeléctrico de Foz Tua*. Lisboa: MAOTDR/APA.

Nussbaum, Martha C. (2000), "The Cost of Tragedy: Some Moral Limits of Cost Benefit Analysis", *Journal of Legal Studies*, 29(52), 1005-1036. Doi: http://dx.doi.org/10.1086/468103

O'Neill, John (1993), *Ecology Policy and Politics*. Londres: Routledge and Kegan Paul.

O'Neill, John (1997), "Value Pluralism, Incommensurability and Institutions", *in* John Foster (ed.), *Valuing Nature? Economics, Ethics and Environment*. Londres: Routledge, 75-88.

Pildes, Richard H.; Anderson, Elizabeth (1990), "Slinging Arrows at Democracy: Social Choice Theory, Value Pluralism, and Democratic Politics", *Columbia Law Review*, 90(8), 2121-2214. Doi: http://dx.doi.org/10.2307/1122890

PROFICO Ambiente (2008a), *Aproveitamento Hidroeléctrico de Foz Tua. Estudo de Impacte Ambiental, Resumo Não Técnico*. Profico Ambiente. Versão eletrónica disponível em https://www.edp.pt/en/sustentabilidade/EDPDocuments/AHFT_EIA_RNT.pdf

PROFICO Ambiente (2008b), *Estudo de Impacte Ambiental do Aproveitamento Hidroeléctrico de Foz Tua, Relatório técnico* [vol. I e II]. Versão eletrónica disponível em https://www.edp.pt/en/sustentabilidade/EDPDocuments/AHFT_EIA_RT_VolI.pdf e https://www.edp.pt/en/sustentabilidade/EDPDocuments/AHFT_EIA_RT_VolII.pdf

Putnam, Hilary; Walsh, Vivian (2012), *The End of Value-Free Economics*. Nova Iorque: Routledge.

Radin, Margaret J. (1997), *Contested Commodities*. Cambridge: Harvard University Press.

Raz, Joseph (1986), *The Morality of Freedom*. Oxford: Clarendon Press.

Richardson, Henry S. (1997), *Practical Reasoning about Final Ends*. Cambridge: Cambridge University Press.

Shafir, Eldar.; Simonson, Itamar; Amos Tversky (2006), "Reason-Based Choice", *in* Sarah Lichtenstein e Paul Slovic (orgs.), *The Construction of Preference*. Nova Iorque: Cambridge University Press, 411-433.

Simon, Herbert (1955), "A Behavioral Model of Rational Choice", *Quarterly Journal of Economics*, 69(1), 99-118. Doi: http://dx.doi.org/10.2307/1884852

Spash, Clive (1997), "Environmental Management Without Environmental Valuation?" in J. Foster (org.), *Valuing Nature? Economics, Ethics and Environment*. Londres: Routledge, 170-185.

Tetlock, Philip; Kristel, Orie; Beth, Elson S.; Green, Melanie; Lerner, Jennifer (2000), "The Psychology of the Unthinkable: Taboo trade-offs, forbidden base rates, and heretical counterfactuals", *Journal of Personality and Social Psychology*, 78(5), 853-870. Doi: http://dx.doi.org/10.1037//0022-3514.78.5.853

Thacher, David; Rein, Martin (2004), "Managing Value Conflict in Public Policy", *Governance: An International Journal of Policy, Administration, and Institutions*, 17(4), 457-486. Doi: http://dx.doi.org/10.1111/j.0952-1895.2004.00254.x

Trainor, Sarah Fleisher (2006), "Realms of Value: Conflicting Natural Resource Values and Incommensurability", *Environmental Values*, 15(1), 3-29. Doi: http://dx.doi.org/10.3197/096327106776678951

WHC/ICOMOS/IUCN – World Heritage Centre/International Council on Monuments and Sites/International Union for Conservation of Nature (2012), *Report of the Joint World Heritage Centre/ICOMOS/IUCN Reactive Monitoring Mission. Alto Douro Wine Region (Portugal) (1046) 30 July to 3 August 2012*. Paris: World Heritage Centre. Versão eletrónica disponível em http://whc.unesco.org/en/documents/122869

Wiggins, David (1975-1976), "Deliberation and Practical Reason", *Proceedings of the Aristotelian Society*, New Series 76, 29-51. Versão eletrónica disponível em http://www.jstor.org/stable/4544879

CAPÍTULO 5
QUARENTA ANOS DE CONFLITOS EM TORNO DA EXPANSÃO DO AEROPORTO DE MALPENSA

LAURA CENTEMERI

Introdução
Neste capítulo, o objetivo é reconstruir as controvérsias e os conflitos acerca da expansão do aeroporto de Malpensa em Itália, analisar o modo como os movimentos que se opõem a este megaprojeto evoluíram, em particular as transformações da prática e dos discursos de valoração do ambiente ao longo dos quarenta anos de protestos.

De facto, este aeroporto sempre foi controverso, desde os primeiros planos de expansão nos anos 1970 até às mais recentes mobilizações contra a "terceira pista" nos anos 2010-2013.[1]

O aeroporto Malpensa "Cidade de Milão" situa-se aproximadamente a 50 km a noroeste da cidade de Milão, na fronteira oeste de uma área ampla e economicamente ativa com 3,9 milhões de habitantes. Tem uma área de superfície de 1220 ha, espalhada sobre o território de sete concelhos na província de Varese (Cardano al Campo, Casorate Sempione, Ferno, Lonate Pozzolo, Samarate, Somma Lombardo e Vizzola Ticino). Os seus impactos têm influência nos territórios de duas regiões, Lombardia e Piemonte (especialmente a província piemontesa de Novara). O aeroporto

---

[1] Os dados sobre o caso de Malpensa foram coligidos a partir das seguintes fontes: literatura secundária sobre o caso (Balducci, 1988; Pizzi, 2000; Di Palma e Paviotti, 2008); documentos oficiais; análise de artigos de quatro grandes jornais italianos (1998-2011); a análise de sítios na Internet de movimentos sociais contra a expansão; 10 entrevistas com membros de movimentos sociais contra o aeroporto, políticos locais que se opõem ao aeroporto, peritos que trabalharam para a coligação pró-aeroporto.

é contíguo ao Parque do Rio Ticino, uma reserva natural instituída por uma lei regional em 1974 e classificada desde 2002 como "reserva de biosfera" pela UNESCO. A proximidade do Parque Ticino tem sido desde o início um forte argumento para limitar a expansão do aeroporto.

O aeroporto é gerido pela *S.e.a.* (*Società esercizi aeroportuali*), uma sociedade anónima controlada pela autarquia de Milão. A S.e.a. gere também o aeroporto de Linate (situado nos arredores de Milão) e controla a sociedade que gere o aeroporto Orio al Serio (situado perto da cidade de Bérgamo). Malpensa, Linate e Orio al Serio são os três aeroportos presentemente incluídos no sistema milanês de transportes aeroportuários.

Ironicamente, o nome "Malpensa" significa literalmente "mal pensado" e designa a localidade onde o aeroporto foi originalmente estabelecido e onde uma quinta foi construída no século XVIII com o propósito "mal pensado" de cultivar o solo hostil da charneca (*brughiera*) lombarda. Usada para propósitos militares desde o século XIX, a área de Malpensa foi, no início do século XX, o berço da indústria aeronáutica italiana, graças aos "pioneiros da aviação", os irmãos Caproni, que instalaram nesta área os seus hangares, de onde os primeiros protótipos de avião foram testados. Foi devido à presença da indústria aeronáutica que as primeiras pistas de descolagem foram construídas, com propósitos industriais.

Transformado numa instalação militar durante a Segunda Guerra Mundial, o aeroporto de Malpensa foi inaugurado como aeroporto intercontinental para transporte civil em 1948, por iniciativa de empreendedores locais que criaram a companhia "Aeroporto di Busto Arsizio". A companhia foi transformada em S.e.a. em 1955, quando a autarquia de Milão assumiu o controlo, com a ideia de usar o aeroporto de Malpensa para canalizar parte do tráfego aéreo do aeroporto citadino de Milão-Linate, dada a impossibilidade de expansão deste último.

Neste estádio inicial, a S.e.a. pode ser representada como uma "burocracia técnica" que procura legitimidade na relação com instituições estatais (Balducci, 1988). Esta burocracia técnica tem um "imaginário sociotécnico" (Jasanoff e Kim, 2009) de modernização, baseado na excelência técnica, que deve suportar a internacionalização económica da área milanesa.

A origem "técnica" e "empreendedora" do aeroporto originou desde o início uma relação difícil com instituições estatais. De facto, no contexto político italiano, em que as divisões territoriais sempre foram relevantes, a S.e.a. exemplifica a forma como o sistema político milanês tende a tomar a iniciativa diretamente em assuntos locais, sem esperar que os poderes centrais estatais intervenham. Esta atitude politicamente empreendedora tem sido sempre uma garantia de dinamismo ao nível local, que, quando os problemas a serem atendidos têm implicações supralocais, como é o caso do aeroporto de Malpensa, pode, ao mesmo tempo, criar problemas devido à falta de uma visão integrada no quadro nacional das intervenções assim decididas.

1. O primeiro plano de expansão: "O Grande Malpensa" (1972--1987)

A ideia de expandir o aeroporto de Malpensa foi considerada desde meados dos anos 1960. O primeiro projeto oficial de expansão, chamado plano "Grande Malpensa", foi aprovado pelo Ministério dos Transportes em 1972.

O plano "Grande Malpensa" contemplava a criação de uma terceira pista adjacente à área estabelecida em 1974, através da Lei Regional n.º 2, como área protegida do Parque Ticino. Este Parque foi criado graças a uma iniciativa "das bases para o topo" que federou as autarquias do rio Ticino e a organização não-governamental ambientalista "Italia Nostra".[2]

---

[2] *Italia Nostra* é uma organização sem fins lucrativos dedicada à proteção e promoção do património histórico, artístico e ambiental italiano. A organização foi fundada em 1955.

É importante notar que a expansão do aeroporto exigiria o desalojamento de habitantes das redondezas da infraestrutura. O plano de expansão do aeroporto, elaborado pela S.e.a., desenhado para um tráfego de 6 milhões de passageiros por ano, foi baseado exclusivamente em previsões providenciadas por diversas fontes (Somea, Alitalia, Direção Geral de Aviação Civil), que confirmavam a tendência fortemente positiva de desenvolvimento do tráfego aéreo. A justificação para a expansão foi então apresentada como meramente técnica: o aumento esperado no tráfego aéreo civil impunha a reestruturação, em termos de expansão, do aeroporto. A possibilidade de responder ao aumento no tráfego aéreo civil através do desenvolvimento de um sistema multipolar de aeroportos na Lombardia não foi seriamente examinada.

De facto, como assinalou Balducci (1988), a expansão foi assumida como a decisão a ser tomada *antes* de qualquer descrição técnica precisa dos problemas para os quais era necessário encontrar uma solução. Esta é uma primeira decisão "*lock-in*" (Liebowitz e Margolis, 1995), em que a expansão é considerada como a resposta certa a problemas que são apresentados, *a posteriori*, de uma forma que justifica a expansão como a solução correta. Expandir Malpensa é claramente uma *opção política* escolhida sem qualquer tipo de discussão pública, fortemente apoiada pelo proponente do projeto, isto é, pela S.e.a. – o único ator com um interesse direto na expansão.

A decisão de expandir Malpensa é tomada com base na interação entre dois atores: a S.e.a. (o promotor e único apoiante do projeto) e o Ministério dos Transportes (a autoridade cujo apoio é obrigatório para a realização dos planos da S.e.a.). Nesta interação, a S.e.a. teve interesse em apresentar um projeto largamente sobredimensionado. As dimensões de megaprojeto do "Grande Malpensa" são, antes de mais, uma forma de impor às autoridades estatais a importância estratégica da expansão do sistema de aeroportos de Milão. Não parece haver quaisquer argumentos técnicos sérios para apoiar o gigantismo do "Grande Malpensa" (Balducci, 1988). O gigantismo do "Grande Malpensa" alinha-se com a ambição da S.e.a. de ser reconhecida pelas autoridades estatais como um ator importante no desenvolvimento da política de aviação civil.

Gostaria ainda de enfatizar um aspeto: a S.e.a. concebe desde o início o aeroporto de Malpensa primariamente como um negócio privado e o seu próprio papel como sendo empresarial-industrial. Se observarmos as cartografias produzidas pela S.e.a., o aeroporto é representado como estando isolado do contexto territorial e é visto como uma unidade económica de análise numa espécie de vazio social e territorial. Os "custos sociais" (Kapp, 1950) são aqui visivelmente deslocados para atores públicos. Por isso mesmo, de modo a desenvolver o seu negócio, a S.e.a. necessita do apoio das autoridades estatais, dado que as externalidades têm de ser tidas em conta pelos atores públicos de forma a tornar o negócio do aeroporto lucrativo.

O plano de expansão do "Grande Malpensa", uma vez comunicado às autoridades locais, foi confrontado com fortes oposições levantadas por uma frente formada por administradores locais, sindicatos, partidos políticos, habitantes, organizações não-governamentais ambientais, todas elas federadas contra a expansão. Várias iniciativas judiciais contra a expansão foram promovidas pelas administrações locais. Os oponentes da expansão denunciaram a *falta de participação e inclusão no processo de decisão* (Feldman, 1977). Estes grupos denunciaram também os pesados custos impostos ao território em nome do "interesse milanês" que orientava as decisões da S.e.a. É importante notar que os custos denunciados eram custos ambientais mas também custos económico-sociais: a expansão do aeroporto poderia mudar radicalmente a organização socioeconómica do território, a sua forma tradicional de vida. Já nos anos 1970, os bagageiros do aeroporto eram muito mais bem pagos do que um aprendiz numa oficina de artesanato numa das municipalidades da área de Malpensa.[3] Além disso, contestaram a falta de um planeamento territorial sério por parte da S.e.a., mostrando que aspetos relevantes não foram considerados nos planos de expansão de Malpensa, especialmente a integração territorial através de infraestruturas de acesso apropriadas. Malpensa não estava conectada a Milão através de caminho de ferro e a ligação pelo sistema de autoestradas era pobre.

A mobilização esteve ativa, então, em duas frentes: criar a consciência de que decidir sobre o aeroporto significa decidir sobre o futuro de todo um território, o que implica que procedimentos participativos sejam necessários; e mostrar as externalidades do aeroporto não consideradas.

Esta forte oposição foi bem-sucedida no que concerne à sua visibilidade em jornais a nível nacional. A irrupção simultânea da crise energética mundial, com a subsequente incerteza em relação à tendência de desenvolvimento do transporte aéreo contribuiu para enfraquecer os planos ambiciosos da S.e.a. e dar força ao movimento contra a expansão. A crescente consciência, naquele momento, da existência de uma crise ambiental é um elemento do contexto histórico que ajuda a compreender o eco nacional forte que teve a campanha contra a expansão de Malpensa.

Progressivamente, a mobilização foi produzindo estruturas de organização. As autarquias contíguas ao aeroporto criaram um "Consorzio Urbanistico Volontario" (CUV – Consórcio Voluntário de Planeamento Urbano) com o objetivo de desenvolver uma estratégia de planeamento territorial comum a propósito do aeroporto.

Mas o principal ator no conflito veio a ser a Região da Lombardia.[4] Enquanto jovem instituição procurando legitimidade, sem qualquer

---

[3] Entrevista, em março de 2011, com C.B., cidadão de Somma Lombardo, ativista político local, envolvido no movimento contra a expansão do aeroporto desde os anos 1970.

[4] As Regiões Italianas foram implementadas ao nível institucional da organização do Estado em 1970.

interesse particular no processo de expansão do aeroporto ou na defesa da área de Malpensa, a Região assume o papel de "árbitro". A partir de 1977, a Região cria duas comissões, uma política e uma técnica, em que os problemas da expansão do aeroporto são discutidos com um vasto leque de atores institucionais envolvidos, da S.e.a. às autoridades municipais. Um conjunto ambicioso de programas de investigação foi criado pelo corpo técnico (o Comité Técnico de Regional Peritos) para produzir conhecimento fiável sobre: tendências estimadas para o tráfego aéreo civil (a elaborar pela British Airports International); o impacto atual do ruído e formas de o reduzir (a elaborar pela Universidade Politécnica de Milão); impactos das operações do aeroporto na área em torno do aeroporto (a elaborar pela Província de Varese). Foram também organizadas várias conferências abertas a cidadãos com o tópico do desenvolvimento do aeroporto de Milão.

Ao mesmo tempo, os mais importantes partidos políticos da altura – o Partido Comunista (PCI) e o da Democracia Cristã (DC) – manifestam-se a favor da necessidade de expansão do aeroporto, ao mesmo tempo que sublinham a necessidade de atenção aos impactos territoriais. Os sindicatos, a nível regional, também concordam com esta ideia da necessidade de uma expansão "razoável" do aeroporto.

Entretanto, fundos públicos foram mobilizados pelo Estado para apoiar a expansão e "modernização" dos aeroportos de Malpensa, em Milão, e de Fiumicino, em Roma.[5] Não é de mais notar que, em maio de 1976, Gaetano Morazzoni, presidente da S.e.a., é eleito membro do parlamento e que desde 1979 é vice-presidente da Comissão de Transportes e Aviação Civil. De modo a desenvolver o seu negócio, a S.e.a. teve de investir na construção deste

[5] Ministério dos Transportes *"Opere di ampliamento, ammodernamento, e riqualificazione da attuare negli aereoporti di Milano e di Roma"*, Intervenções Urgentes e extraordinárias do Estado, 1978.

tipo de "redes verticais" (Tosi e Vitale, 2011) através da mobilização de indivíduos específicos que possam apoiar os interesses da S.e.a. onde os fundos públicos são alocados. Para que o negócio da S.e.a. se desenvolva são necessárias relações mais orgânicas com o sistema político.

A intervenção da região da Lombardia força a S.e.a a abandonar a ideia de construir uma terceira pista de descolagem. O projeto de expansão é limitado a 12 milhões de passageiros por ano. A incompatibilidade com o Parque Ticino é um argumento crucial para limitar a expansão do aeroporto. Outra razão para reduzir a escala do projeto é a falta de infraestruturas de acesso ao aeroporto. Razões financeiras são também invocadas, conjuntamente com a necessidade de uma estratégia baseada num uso mais racional das pistas existentes, uma vez reconstruídas e reestruturadas. De facto, as duas pistas estão demasiado próximas uma da outra para permitir um uso eficiente.

Em 1985, a Lei 449 ("Projetos de expansão e modernização a serem implementados nos sistemas aeroportuários de Roma e Milão") alocou 480 mil milhões de liras italianas à renovação do aeroporto de Malpensa. Dada a oportunidade deste apoio financeiro, a S.e.a., em conjunto com a Italairport, desenvolveu um novo projeto de expansão chamado "Malpensa 2000", com base num objetivo para o volume de passageiros de 18 milhões. Como a S.e.a. tem de cumprir com prazos rígidos impostos pela lei, o plano diretor de Malpensa 2000 é basicamente um rearranjo do plano dos anos 1960, com a construção de um novo terminal, baseado na lógica arquitetural de "satélites" que nessa altura já era considerada ultrapassada e ineficiente.[6] Esta é outra decisão "*lock-in*", desta vez uma decisão técnica, que irá limitar as opções futuras em relação à forma de aumentar a capacidade de tráfego do aeroporto.

[6] Entrevista, em fevereiro de 2011, com G.P., professor de planeamento de infraestruturas, cidadão de Somma Lombardo, político e ativista contra a expansão do aeroporto.

Mesmo se conspícuo, o financiamento público é largamente insuficiente considerando o orçamento estimado do plano Malpensa 2000. O problema das infraestruturas de acesso ainda estava em aberto (com as ligações por caminho de ferro e autoestrada ainda na fase de planeamento, com uma falta de financiamento geral).

A Região da Lombardia é então confrontada com o exame de outro Plano Diretor do aeroporto e inicia um processo de participação, pedindo o parecer dos vários administradores envolvidos. O consórcio do Parque Ticino é muito crítico do projeto. As autarquias da área de Malpensa estão todas alinhadas com a ideia de uma "expansão razoável". Aprovam o novo plano exprimindo ainda preocupações com os seus impactos ambientais e pedindo um Estudo de Impacto Ambiental. Além disso, alguns dos administradores locais denunciam o facto de os programas de investigação lançados pelo Comité Técnico Regional de Peritos não terem ainda sido concluídos.

Gostaria de enfatizar este aspeto. Como referi, a Região da Lombardia desempenha o papel de árbitro no conflito que opõe as administrações locais e a S.e.a. A perícia desempenha um papel importante, através da definição de uma série de programas de investigação direcionados para a oferta de uma base de conhecimento a partir da qual um julgamento possa ser feito em relação à expansão. Mas, no final, o que parece contar não é o resultado destes programas, isto é, os dados que proporcionam. De facto, os passos sucessivos do processo de decisão não são claramente baseados em provas produzidas por estes projetos de investigação. *O que conta é o facto de a definição destes projetos de investigação ser feita em conjunto com autoridades locais.* Serem uma experiência de participação é o que parece contar e não os dados que proporcionam.

Em junho de 1986, o Conselho Regional aprova finalmente o plano "Malpensa 2000", mas pede a revisão de alguns aspetos: em particular, o nível de tráfego de passageiros em Malpensa deve ser limitado a 8/12 milhões por ano.[7] A ideia é que Malpensa não deve substituir Linate, mas deve desenvolver uma especialização enquanto aeroporto intercontinental e internacional. A região exige também um Estudo de Impacto Ambiental. Apesar da Diretiva n.º 85/337/CEE, que impõe um Estudo de Impacto Ambiental em certos projetos privados e públicos não ter sido adotada a nível nacional, a S.e.a. encomendou à sociedade PAR (*Produzione Ambientale e Risorse*) um Estudo de Impacto Ambiental apresentado como respeitador dos padrões europeus. De facto, uma vez submetido à análise do "Grupo de avaliação de EIA" Regional, uma unidade técnica criada em 1984, é demonstrado que o estudo não segue diretrizes metodológicas importantes, especialmente na elaboração de cenários alternativos de desenvolvimento, incluindo a opção "não fazer nada". A expansão é uma vez mais assumida como a única opção viável e a ênfase é posta nas mitigações e compensações necessárias para reduzir os seus impactos negativos.

Em fevereiro de 1987, o Ministério dos Transportes aprova o plano "Malpensa 2000" na versão revista pela Região da Lombardia. Em 1988, a Região assina com a S.e.a. um acordo para a produção de mais estudos sobre os impactos da expansão.

2. "Malpensa 2000": ascensão e queda de um *hub* internacional (1990-2008)

Os trabalhos de renovação e expansão de Malpensa tiveram início em 1990. Em 1992, os trabalhos foram interrompidos durante dois anos devido ao envolvimento da S.e.a. no "Tangentopoli"[8] (Di Palma e Paviotti, 2008). A direção da S.e.a. foi investigada por

---

[7] Para oferecer um elemento de comparação, em 1986, o tráfego de passageiros em Malpensa era de 1 422 000 e em Linate era de 7 229 000 (Balducci, 1988).

[8] Em fevereiro de 1992, a descoberta de uma instância de corrupção política menor em Milão desencadeou uma investigação judicial ampla que rapidamente levou ao colapso do sistema político que tinha governado a Itália durante mais de quarenta anos.

corrupção juntamente com representantes políticos aos níveis provincial e regional.

O projeto "Malpensa 2000" foi relançado em 1994, durante o primeiro governo do primeiro-ministro Silvio Berlusconi (1994-1995), através da sua inclusão na lista de 14 projetos prioritários selecionados para a criação da Rede de Transportes Transeuropeia (TEN-T).[9]

"Malpensa 2000" é um dos projetos que o governo italiano submete para inclusão na rede. O "Malpensa 2000" é apresentado como uma "porta de entrada europeia" potencial para tráfego internacional e intercontinental no sul da Europa. A ideia é promover o desenvolvimento do "Malpensa 2000" como um *hub* internacional.[10]

De facto, Malpensa estava longe de ter as condições para operar como um *hub*, não só devido à falta de infraestruturas de acesso, mas também considerando a existência em Itália de um outro *hub* europeu, o aeroporto de Roma Fiumicino, a base operacional da companhia aérea nacional Alitalia. Além disso, o plano aprovado para Malpensa 2000 limitava a expansão a um tráfego anual de 8-12 milhões de passageiros por ano, muito abaixo do limiar de passageiros de um *hub* eficiente.

A história da inclusão de Malpensa no TEN-T é muito controversa, com o Parlamento Europeu a votar contra esta opção em outubro de 1995. A "frente pró-Malpensa" denuncia a existência de *lobbies* europeus que receiam a perspetiva de um novo *hub*

[9] Decisão n.º 1692/96/EC.
[10] O *"hub"* é um aeroporto utilizado por uma companhia aérea como ponto de conexão para transferir os seus passageiros para o destino pretendido. É parte do sistema *hub-and-spoke* ("cubo e raios", como numa roda de bicicleta), no qual viajantes em trânsito entre aeroportos que não são servidos por voos diretos mudam de avião para continuar a sua viagem para o destino final. No fim dos anos 1970, o sistema *"hub and spoke"* substituiu o modelo *"point to point"* (ligações diretas) no sistema de aviação civil dos EUA.

competitivo no sul da Europa. Outros "inimigos" denunciados pelos atores pró-Malpensa incluem os "interesses locais" italianos que dispersariam o apoio político ao nível da UE em vários projetos menores, sem um compromisso forte com o papel estratégico de Malpensa 2000. Inimigos são também os movimentos ambientalistas que criticam o plano Malpensa 2000 devido aos seus impactos ambientais.

A "frente pró-Malpensa" inclui agora claramente a Região da Lombardia, governada por Roberto Formigoni (Partido Forza Italia). Longe de ser o árbitro dos anos 1970, a Região dos anos 1990 está alinhada com a S.e.a.. Para a Região da Lombardia, Malpensa 2000 é não apenas para a Lombardia, mas para todo o país, um objetivo a que não se pode renunciar.

Um acordo final sobre a inclusão de Malpensa 2000 entre os projetos prioritários da rede TEN-T é alcançado em junho de 1996. É importante notar que o Parlamento Europeu, na sua decisão 1692/96, define orientações comuns para o desenvolvimento da Rede Transeuropeia de Transportes, incluindo a necessidade de considerar os impactos ambientais destes projetos. Ao nível europeu há visivelmente posições contrastantes em relação ao desenvolvimento infraestrutural, com o Parlamento a apoiar a exigência de sustentabilidade ambiental. No artigo 8 da decisão, é estipulado que os Estados-membros têm de ter em consideração a preservação do ambiente na definição e realização dos projetos, através de EIA, de acordo com as diretivas n.º 79/409/CEE (Diretiva das Aves) e n.º 92/43/CEE (Diretiva dos Habitats).

Considerando este artigo, a proximidade do Parque Ticino em relação ao Malpensa 2000 torna o megaprojeto vulnerável em termos de resposta adequada a critérios de sustentabilidade ambiental. De facto, tal como já se referiu, nenhum procedimento formal de EIA foi realizado sobre o projeto de expansão do aeroporto.

Em julho de 1996, é discutida no Parlamento Europeu uma petição (n-624/95), promovida por um Comité (criado entre outros pela WWF [World Wide Fund for Nature], grupos locais da Legambiente e o Partido Verde Italiano), que pede um EIA para Malpensa.[11] Os membros da Comissão Europeia consideram que as autoridades italianas devem clarificar a sua posição. Mas nada mais é feito.

O governo italiano, agora presidido por Romano Prodi (Partido Democrático), apoia fortemente o projeto Malpensa 2000. Em geral, ao nível nacional, os mais importantes partidos políticos concordam sobre a importância estratégica de Malpensa enquanto *hub*. Mas, a nível local, as nove autarquias do CUV pedem um procedimento de EIA, estudos epidemiológicos e o banimento de voos noturnos, argumentando que os impactos do aeroporto no território são já pesados.

Gostara de chamar a atenção para os seguintes elementos. "Malpensa 2000" foi aprovado com base no projeto de um aeroporto internacional e intercontinental com um tráfego de 8 milhões até um máximo de 12 milhões de passageiros por ano. A evolução deste projeto para um *hub* com um tráfego estimado de 24 milhões de passageiros por ano toma lugar sem qualquer envolvimento dos municípios em torno do aeroporto e sobre os quais o aeroporto tem impacto. Uma vez mais, a decisão é tomada pela S.e.a. na interação com atores políticos nacionais que conseguiram ter apoios políticos e financeiros europeus para o projeto.

A decisão é tomada e depois imposta como uma *necessidade*, desta vez uma necessidade política em termos do interesse estratégico nacional, impondo a conduta que outros atores envolvidos devem assumir. Malpensa é imposto como um megaprojeto estratégico nacional a uma pluralidade de atores. A sua necessidade é agora largamente justificada por ser um projeto estratégico nacional na

---

[11] Este comité está muito ativamente a tentar repetidamente chamar a atenção das instituições europeias para alguns dos assuntos controversos em torno dos impactos ambientais de Malpensa 2000.

competição com o setor de transporte aéreo europeu. O "orgulho" italiano e lombardo é invocado para apoiar o projeto.

A evolução de Malpensa para uma infraestrutura estratégica nacional é então imposta a comunidades locais impactadas pelas atividades do aeroporto. A decisão é tomada sem qualquer consideração dos impactos ambientais negativos do megaprojeto e sem qualquer planeamento territorial sério.

O único impacto considerado é o económico. Num estudo encomendado pelo *Comité Malpensa 2000* (uma agência formada por entidades públicas e associações comerciais) à Universidade Bocconi de Milão, à Universidade Cattaneo de Castellanza e ao grupo CLAS de Milão, são demonstrados grandes benefícios económicos diretos e indiretos das atividades do aeroporto no território de Malpensa. Este estudo apoia a ideia de Malpensa como uma oportunidade poderosa para o desenvolvimento local e regional (50 000 novos empregos, de acordo com o cenário de médio prazo, e 100 000 a longo prazo).

É importante notar que a justificação económica para a expansão do aeroporto ganhou uma força importante nos anos 1990. De facto, a condição económica da área de Malpensa mudou dramaticamente desde os anos 1970-80. Depois de grandes processos de desindustrialização, a área encontra-se agora economicamente deprimida e o aeroporto é visto como uma possibilidade de desencadear uma dinâmica económica positiva renovada (Tosi e Vitale 2011). A área "Alto Milanese", contígua a Malpensa, é classificada como área de "Objetivo 2" dos fundos estruturais da UE em necessidade de reconversão socioeconómica.

Os outros atores cujo envolvimento é necessário para o sucesso de Malpensa 2000 são forçados também *a posteriori* a aderir a uma posição que já está tomada. De facto, para que o novo *hub* possa ser bem-sucedido, duas condições principais devem ser preenchidas: reduzir drasticamente o papel do aeroporto de Linate, através da deslocação da maior parte dos voos para Malpensa. Esta mudança deve implicar o acordo de várias companhias aéreas. Segundo, Malpensa deve tornar-se a base operacional para a companhia aérea de bandeira, Alitalia.

Em ambos os casos, o que observamos é uma história complexa de decretos governamentais que tentam forçar as dinâmicas desejadas para apoiar o projeto de Malpensa como um *hub* e, paralelamente, uma resistência forte por parte dos atores envolvidos, todos confrontados com uma decisão tomada sem o seu envolvimento prévio.

As companhias aéreas denunciam à Comissão Europeia a impossibilidade de deslocar os seus voos de Linate para Malpensa dado que os problemas de acesso a Malpensa estão ainda quase todos por resolver. A ideia de mover a sede da Alitalia para Malpensa desencadeia um conflito duro entre Roma e Milão, e força por fim a que a Alitalia passe a operar com dois *hubs*. Esta decisão contribuiu indiretamente para a bancarrota da companhia em 2009.

Mais em pormenor, em 1996, com o decreto n.º 46-T, o Ministro dos Transportes, Claudio Burlando, define o critério para distribuir tráfego aéreo entre os dois aeroportos de Malpensa e Linate, de modo a reduzir progressivamente as operações em Linate. A 23 de outubro de 1997, o mesmo ministro assina um decreto ministerial (n.º 57-T) que estabelece que os voos a partir de 25 de outubro de 1998 devem obrigatoriamente mover-se de Linate para Malpensa.

Os concorrentes da Alitalia tentam travar o decreto, apelando à Comissão Europeia que reconheça a legitimidade da sua exigência.

Ao mesmo tempo, o governo da cidade de Roma e os corpos políticos locais, preocupados com o que consideram ser uma "depreciação" do Aeroporto Fiumicino, na aproximação do Jubileu 2000, contestaram a ideia de Malpensa como o *hub* da Alitalia. Dentro da Alitalia começam também a evidenciar-se resistências ao plano de mudar para Malpensa. A oposição entre Milão e Roma torna-se politicamente relevante com a crescente importância eleitoral ganha nos anos 1990 pelo partido Liga Norte, que baseia o seu sucesso na exigência de uma reforma eleitoral do Estado Italiano. O partido Liga Norte apresenta Malpensa como o símbolo de uma "Padania" (nome dado pela Liga Norte às Regiões do Norte da Itália) produtiva e dinâmica, frustrada pelos poderes de Roma.

Embora o foco neste capítulo não resida na discussão detalhada desses conflitos ao nível nacional e europeu, gostaria de salientar um aspeto. Depois da inclusão do projeto Malpensa 2000 na lista de projetos TEN-T, todos os atores que se opunham ao megaprojeto foram acusados pelos apoiantes da expansão de boicotar um plano nacional de relevância estratégica. Opor-se a Malpensa torna-se automaticamente um sinal de incompreensão da potencialidade estratégica do aeroporto ou um boicote.

Num olhar mais próximo, parece que este projeto "estratégico" foi desenvolvido sem promover um envolvimento amplo do grupo maior de atores cuja coordenação era necessária para assegurar o sucesso do projeto:

> o desenho de um aeroporto capaz de operações *hub-and-spoke* era um investimento arriscado que a concessionária do aeroporto [S.e.a.] havia aceite uma década *antes* da Alitalia decidir deslocar-se. De facto, a Alitalia nunca tinha antes, nos início dos anos 1990, planeado estabelecer o seu *hub* em Malpensa. (Beria e Scholz, 2010: 67)

O que observamos é, uma vez mais, a falta de uma análise prévia das opções, seguida de uma "hiperpolitização" (Pellizzoni, 2011) do projeto que é necessária para obter um consenso que não foi construído antes.

Um novo "inimigo" do Malpensa 2000 entra em cena quando, em abril de 1998, com a abertura do Malpensa 2000 planeada para outubro, o Ministro do Ambiente Edo Ronchi[12] escreve ao Minis-

[12] Edo Ronchi estava com Francesco Rutelli, um dos fundadores do Partido Arco-Íris Verde italiano. Pela primeira vez na história da república, o ministro do Ambiente era dos "verdes".

tro dos Transportes para comunicar a necessidade de submeter o projeto Malpensa 2000 a um procedimento EIA, em consequência das transformações importantes que o projeto tinha atravessado desde o Estudo de Impacto Ambiental realizado pela S.e.a em 1986. Ronchi assinala «um grande incremento na atividade do aeroporto e a mudança radical da sua função inicial». Os movimentos locais contra a expansão de Malpensa mobilizaram-se ativamente para pedir a intervenção do ministério trazendo à sua atenção o caso do aeroporto.

De acordo com Ronchi, dadas as importantes transformações do projeto original, Malpensa 2000 devia ser sujeito a um procedimento EIA. O decreto DPCM n.º 377/1988 estabelece que o procedimento EIA deve ser aplicado também a intervenções em infraestruturas existentes quando essas intervenções são substanciais. De acordo com a opinião de Ronchi, a não aplicação do procedimento EIA ao Malpensa 2000 poderia expor a Itália a um procedimento de infração de normas comunitárias da UE.

Entretanto, a 17 de maio de 1998, uma manifestação de cerca de 5000 pessoas teve lugar em frente ao aeroporto de Malpensa para exigir um procedimento EIA para avaliar os impactos ambientais e territoriais do aeroporto. Estiveram representadas 51 autarquias na manifestação, conjuntamente com associações ambientalistas e grupos de cidadãos.

A 26 de junho, o Ministro do Ambiente envia à S.e.a. um pedido para abrir um procedimento de EIA para o Malpensa 2000. A necessidade de um procedimento EIA em Malpensa torna-se no principal argumento da mobilização local, que federa vários atores, incluindo organizações não-governamentais, movimentos sociais e autarcas da província de Novara. De facto, dadas as novas rotas de descolagem e aterragem, modificadas para reduzir o impacto nos municípios da Lombardia, a área do Piemonte a oeste de Ticino é agora fortemente impactada pelo ruído. O coletivo local C.OVES.T (*Comitato Ovest Ticino*) lidera o protesto na área e trabalha em conjunto com autoridades locais, a Província de Novara e a Região de Piemonte. Do lado da Lombardia, os grupos que se opõem a Malpensa 2000 unem-se no coletivo UNI.CO.MAL (*Unione Comitato Malpensa*), mas o apoio institucional é muito fragmentado ao nível das autarquias e ausente aos níveis provincial e regional.

Apesar desta situação contenciosa, o Malpensa 2000 torna-se operacional a 25 de outubro de 1998. Nesse mesmo dia, na Estrada 336 de acesso ao aeroporto, protestam mais de 3000 cidadãos.

Devido ao aumento súbito no número de voos, a questão dos impactos territoriais e ambientais do aeroporto torna-se crítica. Os habitantes, de um dia para o outro, experimentam uma mudança abrupta na qualidade das suas vidas devido ao ruído e à poluição produzida pelos aviões. Pedir um procedimento EIA parece ser a forma razoável de lidar com o problema.

A 12 de fevereiro de 1999, é organizado um seminário por iniciativa de grupos ambientalistas locais, em Lonate Pozzolo, com o Professor Virgino Bettini (Universidade de Veneza), um especialista em EIA. A ideia era oferecer a grupos mobilizados e administrações locais um conhecimento técnico-científico sobre o procedimento.

Os protestos locais conseguiram ter um eco nacional. Os impactos do aeroporto são tangíveis: nível elevado de ruído, casas que ficam sem telhado por causa de aviões a descolar. A Comissão "Ambiente, Território e Trabalho Público" da Câmara Nacional de Deputados é unânime em pedir um procedimento EIA para Malpensa 2000. A 14 de março de 1999, uma manifestação de comités locais "contra o ruído" reúne a participação de 10 000 pessoas que pedem uma redução do número de voos e um estudo do impacto ambiental.

A 2 de julho de 1999 (com o aeroporto operacional desde outubro de 1998) a S.e.a. apresenta o Estudo de Impacto Ambiental ao Ministério do Ambiente, ao Ministério de Atividades Culturais e Património e à Região da Lombardia. No entanto, este estudo é baseado no limiar de 12 milhões de passageiros por ano do plano de 1986, enquanto o Malpensa 2000 opera agora com 16-17 milhões de passageiros por ano. Setenta observações, todas negativas, são apresentadas pelas autoridades locais, comissões de EIA de Piemonte e Lombardia, grupos mobilizados, organizações não-governamentais e cidadãos.

Durante o mês de outubro de 1999, o grupo C.OVES.T organiza vários "cercos" (*presidi*) na área do aeroporto, ocupando espaços públicos para denunciar a situação dos impactos ambientais de Malpensa 2000.

A 25 de novembro de 1999, considerando que a Comissão Nacional para o EIA identificou uma situação séria de poluição sonora em Malpensa, o Ministro do Ambiente, Ronchi, diz que qualquer incremento adicional de voos em Malpensa deve ser proibido. Defende que de forma a minimizar o impacto negativo do aeroporto é necessário implementar medidas de mitigação e compensação, primeiramente encontrando uma solução técnica para reduzir o ruído no curto prazo e trabalhado num redesenho substancial dos usos do aeroporto no longo prazo.

O Ministro dos Transportes, Tiziano Treu, opõe-se à decisão de Ronchi, abrindo um conflito dentro do governo, um conflito que necessita, de acordo com Treu, de uma "solução política". Ao nível local, novos "cercos" são organizados para mostrar apoio a Ronchi.

De modo a encontrar uma saída para esta situação, o Presidente do Conselho de Ministros, Massimo D'Alema, emite um decreto (DPCM de 13 de dezembro de 1999) no qual os planos para aumentar ainda mais o tráfego de Malpensa são confirmados, acompanhado de um forte compromisso em reduzir o impacto ambiental do aeroporto através de intervenções de mitigação. Entre estas intervenções, encontra-se a deslocalização da população que vive na área mais exposta à poluição sonora. A deslocalização será financiada pelo Estado. Programas regulares de monitorização estão também incluídos como intervenções de médio prazo, incluindo inquéritos epidemiológicos, qualidade da água, qualidade do ar e danos para as florestas.

A 29 de fevereiro de 2000, o Ministro dos Transportes, o Ministro do Ambiente, a Região da Lombardia, a Província de Milão e Varese e as autarquias de Somma Lombardo, Lonate Pozzolo e Ferno assinaram um acordo sobre um programa geral de intervenção direcionado para a mitigação da poluição sonora e a deslocalização da população mais afetada.

Continuam a realizar-se protestos locais. A 14 de maio de 2000, realiza-se uma manifestação de 8000 pessoas com a participação de autarcas, outros representantes de administrações locais, cidadãos e associações ambientalistas. Na manifestação, pede-se a adoção de medidas eficazes de redução da poluição sonora e a realização de um estudo sério de impacto ambiental.

De modo a ter uma opinião especializada em relação à capacidade de expansão do aeroporto de Malpensa, tendo em conta as medidas impostas pelo decreto de D'Alema, a Comissão Europeia pede à Cranfield University para desenvolver um estudo. Além de assinalar que algumas das medidas introduzidas pelo decreto de D'Alema não são respeitadas, os consultores da Cranfield University sugerem a criação de uma terceira pista.

Os cidadãos criticam este estudo e pedem à União Europeia para considerar seriamente os problemas ambientais criados pelo aeroporto. A 19 de novembro de 2000, uma nova manifestação é organizada para denunciar "a ilegalidade e a tirania" de Malpensa. O envolvimento dos cidadãos começa a decrescer e apenas participam 3000 pessoas.

A Diretiva n.º 2001/42/EC introduz a nível europeu o procedimento conhecido como a Avaliação Ambiental Estratégica (AAE): enquanto o EIA apenas considera o impacto de um único projeto, a AAE implica a submissão de projetos de avaliação e planos envolvendo diversas escalas, tendo assim em conta de forma mais sistémica os impactos ambientais. Em particular, o procedimento AAE pode detetar o efeito cumulativo dos impactos que advém de projetos interligados, uma questão particularmente crítica no caso de Malpensa, em que a forma de proceder foi sempre a de um único projeto sem um planeamento coerente.

Após o 11 de setembro de 2001, Malpensa sofre uma perda de passageiros, tal como acontece em todos os aeroportos em todo o mundo. A situação no aeroporto milanês é agravada pela nova aliança entre a Alitalia e a Air France. Para a Air France, não há qualquer interesse em promover o *hub* de Malpensa, demasiado perto de Paris, enquanto Fiumicino lhe parece mais interessante. Apesar da crise, a S.e.a. começa a falar sobre a segunda fase de expansão do Malpensa 2000. A expansão deve incluir a extensão da Plataforma Logística e a construção de uma terceira pista de descolagem.

Em 2005, a autoridade do Parque Ticino apoiou voluntariamente a realização de uma Avaliação Ambiental Estratégica que analisou todo o território do parque, incluindo o aeroporto, e as áreas afetadas pelas novas intervenções planeadas pela S.e.a., mostrando a falta de um planeamento territorial coerente, a degradação ambiental e os danos para a saúde das comunidades locais devido a poluentes, a excessiva carga ambiental sobre o Parque Ticino e os limites dos benefícios sociais. No entanto, no mesmo ano, a S.e.a. propõe à Região da Lombardia aumentar a capacidade do aeroporto para 40/45 milhões de passageiros por ano e construir a terceira pista.

3. O de-*hubbing* da Alitalia e os novos planos de expansão (2008-2013): o protesto do grupo local "*Viva via Gaggio*"

Em 2008, a crise financeira da Alitalia força a companhia a retirar o *hub* do Aeroporto de Malpensa, passando a usar apenas Fiumicino como base operacional. Esta circunstância transformou uma vez mais a natureza do aeroporto.

Apesar da crise da Alitalia e a concomitante crise económica, a S.e.a. anunciou nos seus planos industriais mais desenvolvimentos do tráfego aéreo nos anos seguintes (2013-2014), em ligação com o evento da Expo 2015 que iria ter lugar em Milão. Assim, no curto prazo, foram planeadas intervenções para aumentar a capacidade do aeroporto: a construção de um terceiro terminal em 2015 e a terceira pista necessária para melhorar a capacidade total da infraestrutura. A terceira pista de descolagem supostamente mitigaria o impacto no território em termos de ruído. O terceiro terminal deveria resolver os problemas que emergiram com o Terminal 1, organizado através de satélites. Como se assinalou anteriormente, Malpensa foi marcado por défices importantes no seu planeamento: a estrutura de satélites do Terminal 1, mas também duas pistas demasiado próximas para operar simultaneamente.

Não mais considerado como um *hub*, Malpensa tenta encontrar uma nova fórmula como uma ligação ponto-a-ponto, apostando em companhias *low cost*. Deve ser assinalado que a S.e.a. tem uma estratégia de expansão baseada não só em negócios de aviação, mas também em investimentos imobiliários. A ideia é usar parte das propriedades do aeroporto como grandes centros de negócios e serviços (Beria e Scholz 2010: 72).

Em 2010, o plano diretor da S.e.a. com a terceira pista, desenvolvido e desenhado pela MITRE (EUA), foi aprovado pela ENAC (Ente Nazionale per l'Aviazione Civile)[13] e submetido a um procedimento de EIA.

Entretanto, a oposição aos planos de expansão começou a reorganizar-se. Podem isolar-se duas formas principais de oposição que emergem nesta nova fase de expansão. A C.OVES.T, conjuntamente com a UNICOMAL, lidera uma frente de oposição baseada sobretudo na denúncia dos impactos ambientais. A questão em causa é

---

[13] Agência de regulação italiana para o transporte aéreo, que é responsável pela avaliação dos planos diretores dos aeroportos.

a submissão da nova expansão de Malpensa a um procedimento de AAE e não simplesmente a um procedimento de EIA. Os impactos ambientais considerados não são apenas a poluição sonora. De facto, os aviões estão a causar uma poluição relacionada com os hidrocarbonetos que é suspeita de causar danos no ambiente e na saúde humana. Esta forma de oposição depende fortemente da produção de perícia. Os ativistas tornam-se peritos e desafiam a perícia oficial. O esforço é dirigido para mostrar a existência de danos ambientais e de saúde relacionados com as atividades do aeroporto não detetados pelas autoridades públicas.

Neste sentido, é muito importante o chamado "Julgamento Quintavalle". Em 2008, o Tribunal Civil de Milão condenou a S.e.a. e o Ministério das Infraestruturas pelos danos causados por poluentes emitidos pelos aviões durante as descolagens em Malpensa na propriedade "Cascina 3 Pini" (detida pelo Sr. Quintavalle), entre Vizzola Ticino e Somma Lombardo. O Tribunal impôs cinco milhões de euros como compensação. A sentença foi baseada no resultado do inquérito produzido pela empresa COSTECH em 2001, que revelou a forte incidência de hidrocarbonetos na área natural de Ticino, num momento em que o tráfego do aeroporto ainda não tinha atingido o volume elevado dos anos seguintes.

Em março de 2011, a administração local de Casorate Sempione publicou os resultados de um estudo também encomendado à COSTECH, para controlar as concentrações de hidrocarbonetos no seu território. Estes resultados foram agrupados com dados epidemiológicos e revelavam algumas anomalias. Apesar da vontade inicial manifestada por outros autarcas da área de iniciar atividades de investigação semelhantes, em 2016 não havia mais casos abertos.

A segunda forma de oposição é guiada pelo coletivo *"Viva via Gaggio"* (Viva a rua Gaggio), um pequeno grupo nascido no bairro de Tornavento (concelho de Lonate Pozzolo). Tornavento seria gravemente afetado (com deslocalizações) no caso da construção da terceira pista. Este grupo – nascido em 2010 – está a introduzir uma nova forma de falar e agir em defesa do ambiente, e contra a expansão, que é de particular interesse.

A rua Gaggio é uma estrada rural pequena que liga a cidade de Lonate Pozzolo à aldeia de Tornavento e atravessa a área que seria absorvida pelo aeroporto se o plano da S.e.a. fosse aprovado. Esta estrada atravessa uma área de charneca. As charnecas da Lombardia têm sido progressivamente destruídas. Mas as charnecas são reconhecidas pela Diretiva dos Habitats (92/43/EEC) como um ecossistema a ser protegido. No entanto, a charneca de Gaggio não é ainda reconhecida como um local da "Diretiva Habitat". Em 2011, a autoridade do Parque Ticino iniciou o procedimento para ter este local reconhecido como um espaço Natura 2000. Esta decisão está fortemente relacionada com a atividade do grupo local que conseguiu produzir provas do valor ecológico da charneca de Gaggio.

A estrada Gaggio nos anos 1990 era um caminho abandonado. Mas um grupo de voluntários locais começou a recuperá-lo. Este grupo recuperou também vestígios históricos do século XIX até à Segunda Guerra Mundial que testemunham o passado agrícola do local e da história das estradas como fronteiras entre o Império Austríaco e o Reino da Saboia (até 1861) e a história da sua ocupação pelas forças militares alemãs (em 1943-1945). Estes vestígios são catalogados e explicados através de uma série de *posters* como numa espécie de museu ao ar livre.

Depois de ser recuperada por voluntários locais, a estrada foi conhecida apenas localmente pela população de Lonate até à criação do grupo *Viva via Gaggio*, que tornou esta estrada não só num símbolo da luta contra a expansão do aeroporto mas também como um local real de ligações. Em 40 anos de luta contra a expansão, esta é a primeira vez que o ambiente sob ameaça é claramente identificado com um local específico. Esta identificação do impacto ambiental como ameaça a um local preciso segue o uso de registos de "valoração" que assentam em afetos e apegos.

De facto, a estrada de Gaggio e o seu ambiente tornam-se na ação do grupo numa pessoa: esta estrada tem sentimentos, identidade, um passado; a estrada é "parte da família", "um parente" que há que proteger. O grupo usa expressões como «a morte da estrada de Gaggio», como se fosse uma pessoa. As pessoas são convidadas a «conhecer e cumprimentar a estrada de Gaggio» e «aproximar-se tanto quanto possível do nosso parente que está ameaçado, que vai morrer», enquanto o parente é a estrada e o seu ambiente.

Este grupo parte da iniciativa de Roberto V., um trintão de Lonate Pozzolo, trabalhador na autarquia, sem qualquer ligação política com partidos políticos ou outros movimentos. Quando os planos de expansão são publicados, ele é surpreendido pela falta de reações locais em Lonate, dado que uma das consequências da expansão será as deslocalizações nesta cidade. Então decide que é necessário acordar as pessoas do seu "coma cívico", como lhe chama.

Como acordar as pessoas da sua apatia? Roberto começa em 2010 a gravar vídeos a que chama "Conversa fiada na estrada de Gaggio". A ideia é convidar pessoas que são peritas em temas relacionados com o aeroporto – especialmente questões económicas e questões ambientais – e andar com elas ao longo da estrada de Gaggio discutindo os prós e contras da expansão. Primeiro, coloca estes vídeos no YouTube e, depois, num blogue[14] que existe desde fevereiro de 2010 e que se torna progressivamente no blogue do grupo. De facto, Roberto consegue envolver pessoas locais nesta iniciativa.

O blogue tem várias secções e mostra os múltiplos registos de crítica que o grupo foi capaz de mobilizar. Encontram-se dados sobre dano ambiental, documentação administrativa, uma petição, isto é, uma ferramenta "clássica" de mobilização. Mas há também uma página chamada *Arbusti* (arbustos) que é sobre a biodiversidade e a charneca de Gaggio. Esta página tornou-se um blogue autónomo

[14] Viva Via Gaggio: https://vivaviagaggio.wordpress.com

– *sterpaglie*[15] –, no qual a biodiversidade da charneca de Gaggio é explicada por um perito local através das suas fotos, dos seus comentários científicos, mas também de demonstrações de sentimentos de ligação ao local. Esta iniciativa tem então trazido estudos científicos adequados sobre a biodiversidade da área: várias espécies protegidas (borboletas e aves) têm sido detetadas na charneca de Gaggio. Estes estudos têm sido cruciais na decisão da autoridade do Parque Ticino para iniciar o procedimento para ter a charneca de Gaggio incluída como uma área protegida Natura 2000.

Mas o grupo não está somente ativo na Internet. Para "acordar" as pessoas do seu "coma cívico", *Viva Via Gaggio* organiza caminhadas e desfiles na estrada de Gaggio. A primeira caminhada (organizada a 21 de março de 2010 e chamada "A primavera da estrada de Gaggio") é anunciada no blogue como um «passeio pela informação e ligação à estrada de Gaggio».

Através da ação do *Viva Via Gaggio*, várias pessoas ligadas de modos diversos à estrada de Gaggio encontram uma oportunidade para exprimir e partilhar com outros esta ligação. Isto acontece especialmente através da página de Facebook do grupo. Usando o instrumento de marcação de fotos, os amantes da estrada de Gaggio partilham na página do grupo a sua experiência com a estrada de Gaggio: observando espécies notáveis, partilhando sentimentos, contemplando a beleza natural.

O grupo organiza também atividades para levar novas pessoas a conhecer a estrada de Gaggio: caminhadas, eventos desportivos (especialmente ciclismo); acampamentos na estrada de Gaggio ("Campogaggio"), eventos artísticos.

Nas suas atividades, os ativistas do *Viva Via Gaggio* dependem de um modo de "envolvimento de familiaridade" (Thévenot, 2007) com o ambiente que os leva a partilhar com outras pessoas um modo de avaliação no qual este ambiente é valioso, sobretudo

[15] https://sterpaglie.wordpress.com

porque é um local de apego pessoal. Estes modos de avaliação tornam-se um recurso poderoso para motivar as pessoas a participar em atividades coletivas. Estas atividades são, primeiro que tudo, atividades de lazer feitas em comum com outros neste local específico. O grupo promove ativamente a criação (ou redescoberta) de "bens de proximidade" ambientais ligados à convivialidade: o ambiente é valioso dado que as pessoas estão ligadas a ele porque este ambiente é local de partilha com outros de atividades comuns e de um sentimento de comunalidade. As pessoas não são tomadas como utilizadoras ou consumidoras da estrada de Gaggio. São *cuidadoras da* estrada de Gaggio e do seu ambiente, numa ideia de "*care*" (cuidar) do meio ambiente (Laugier, 2012). Sentimentos de ligação e práticas de cuidar são portanto a base sobre a qual a mobilização política é construída. Prévia à mobilização é a "consciência do lugar" (Magnaghi, 2010) que estes ativistas estão a tentar despertar. Ligações pessoais são o ponto de partida para reconhecer o valor radicalmente incomensurável do ambiente sob ameaça. Mas isto não é suficiente: os ativistas têm de encontrar uma forma de articular esta incomensurabilidade radical com registos mais legítimos de avaliação no espaço público.

É, em particular, a categoria de património cultural que é mobilizada conjuntamente com o valor em termos de biodiversidade. Estes modos de avaliação são compatíveis com modos de avaliação baseados em apegos. É por isso que o grupo de Gaggio pede à região da Lombardia para ter a charneca de Gaggio reconhecida como um "ecomuseu". Estes ativistas também foram capazes de envolver a FAI (Fundação Italiana para o Ambiente) na luta para preservar a charneca de Gaggio, mostrando assim como uma valorização em termos de "património" é particularmente propícia a traduzir na esfera pública modos de avaliação baseados na familiaridade.

Os ativistas do *Viva Via Gaggio* promovem e sustentam formas e modos de ligação locais ao ambiente, mas operam também para articular modos de avaliação baseados na familiaridade com modos de avaliação mais legítimos. Nesta articulação, uma figura-chave é a do "perito apegado". O perito apegado é uma pessoa que tem conhecimento científico e especializado do ambiente (biólogos, advogados ambientais, historiadores locais, etc.), mas que partilha o apego ao lugar baseado na familiaridade. Para estes "especialistas apegados" o valor ecológico, em termos de biodiversidade, existe devido à preocupação das pessoas com o ambiente e a consideração da sua unicidade.

Como se pode ler nas observações escritas pela instituição que gere o Parque do rio Ticino para criticar o Estudo de Impacto Ambiental apresentado pela S.e.a., a charneca é um ecossistema que dificilmente pode ser artificialmente recriado dado que as suas origens estão numa certa evolução das formas de uso e ocupação humana do território. Esta forma de compreender a biodiversidade é propícia à inclusão de apegos locais ao ambiente como forma de valor ambiental.

A construção do valor do ambiente a partir de apegos implica a imposição de um limite à possibilidade de compensação, uma vez que o ambiente é considerado como um "lugar" (Tuan, 1977) e como um "ambiente habitado" (Ingold, 2000). No entanto, a S.e.a. enfatizou modos de avaliação económicos e industriais baseados na quantificação e monetização para justificar a necessidade da expansão. Em relação ao ambiente, são reconhecidos danos potenciais, mas as compensações ambientais e a monitorização da saúde e do ambiente são consideradas como formas apropriadas de lidar com os danos futuros. Em particular, no que concerne à compensação ecológica pela perda de charneca, a ideia de que seria possível recrear o mesmo ecossistema noutro lugar torna-se um dos temas mais contestados.

A luta trava-se então em torno da possibilidade ou impossibilidade de compensar a perda da estrada de Gaggio (como património) e da charneca de Gaggio (como um ecossistema único). Partindo da promoção de um envolvimento familiar com a estrada de Gaggio, o *Viva Via Gaggio* tenta encontrar formas de lutar contra a compensabilidade geral da perda ambiental que é assumida no Estudo de Impacto Ambiental. Nesta luta, uma "ordem de valor doméstica" baseada no património e uma "ordem de valor verde" (Lafaye e Thévenot, 1993) baseada na biodiversidade aliam-se para criar as condições para traduzir modos de valoração baseados em apegos pessoais em padrões de avaliação mais gerais que imponham um limite à compensabilidade generalizada. No entanto, o facto de o espaço de decisão pública ser estruturado com uma prioridade hierárquica dada aos modos de avaliação do mercado e da eficiência industrial implica a exclusão destes padrões de avaliação.

Não obstante o conselho negativo de peritos regionais convocados para avaliar o estudo apresentado pela S.e.a., o governo regional da Lombardia deu um parecer positivo ao estudo de impacto dizendo que, mesmo que os danos ambientais sejam prováveis, o papel estratégico do aeroporto a nível económico justifica largamente a decisão de aprovar o plano de expansão. Esta decisão mostra uma vez mais que há uma ordenação lexicográfica clara dos modos de avaliação em jogo. Modos de avaliação do ambiente enquanto património, enquanto paisagem, enquanto ecossistema valioso são considerados lexicograficamente inferiores à avaliação baseada em ordens de valor industriais e de mercado. No entanto, a legitimidade desta ordenação é desafiada pelos habitantes, através de uma crítica que não só traz à tona outros bens relevantes que deveriam ser preservados (incluindo bens ambientais de proximidade), mas que cria a dúvida nas promessas do aeroporto no plano do desenvolvimento económico. A denúncia de interesses privados (da S.e.a. como empresa imobiliária) mascarados como interesse geral é igualmente forte na mobilização, mostrando um cenário geral de falta de confiança nas autoridades públicas, estas últimas consideradas como capturadas por interesses privados.[16]

---

[16] No final, devido à crise económica e à falta de financiamentos, o plano de expansão foi retirado em julho de 2014.

4. Discussão do caso

Nesta secção, analisa-se como a expansão do aeroporto e os argumentos de apoio ou oposição têm evoluído durante as três diferentes fases. Interessam-me em particular dois aspetos: a forma que assume o debate sobre "bens comuns" relacionados com a expansão do aeroporto (em termos de bens comuns fomentados ou ameaçados pelo aeroporto) e a *dimensão pública* do processo de decisão.

Assume-se aqui que a dimensão pública de uma decisão é uma caraterística do processo de decisão (e não assegurada automaticamente pelo *status* dos atores envolvidos) relacionada com as seguintes quatro componentes (Bifulco e de Leonardis, 2005): uma decisão pública é uma decisão com *visibilidade pública*; uma decisão pública é apoiada por *justificações públicas* submetidas a um teste de realidade; uma decisão pública relaciona-se com a produção e reconhecimento de *bens públicos*; uma decisão pública envolve elementos de *construção de instituições*.

Na fase do "Grande Malpensa", o aeroporto é ainda uma pequena instalação e a sua transformação num megaprojeto é considerada improvável, em particular por causa da falta de apoio financeiro estatal. A expansão é ideia da S.e.a. e a sua justificação é baseada num argumento industrial de eficiência.

A decisão que apoia o plano de expansão é marcada por um baixo grau de dimensão pública. O movimento de oposição aponta para esta falta de dimensão pública como a principal razão para se opor ao projeto. O projeto é contestado como uma expressão de uma forma inaceitável de tomar decisões políticas respeitantes ao território, uma questão que esteve no centro da mobilização política nos anos 1970 em Itália. Por isso, pode considerar-se a oposição à expansão de Malpensa nos anos 1970 como uma expressão de um movimento de defesa de formas participativas de decisão democrática. A oposição pretende também mostrar a natureza política da decisão. Longe de ser uma simples questão técnica, decidir sobre o aeroporto é decidir sobre o desenvolvimento futuro da área de Malpensa. A oposição pretende proteger não só o ambiente natural mas, mais geralmente, uma organização socioeconómica, um "modo de vida". O que se observa é que, através da intervenção da Região, que oferece a oportunidade às autarquias envolvidas de discutir a expansão do aeroporto com a S.e.a., prevalece uma ideia de expansão "razoável" como uma forma possível de "compromisso para o bem comum" (Boltanski e Thévenot, 1991). Este compromisso pretende assegurar uma expansão do aeroporto compatível com outros objetivos coletivos relevantes (especialmente a proteção do ambiente). Na definição da expansão "razoável", o conhecimento especializado desempenha um papel importante no compromisso, especialmente através de mecanismos de monitorização dos impactos do aeroporto. Atividades de monitorização são concebidas como as ferramentas sobre as quais o compromisso pode assentar. Mas o que se observa é que esta monitorização nunca foi implementada: não é observável qualquer construção de instituições. O compromisso não é então incorporado nos instrumentos e ferramentas que equipam testes da realidade para avaliar a razoabilidade da expansão do aeroporto, reconhecidos e legítimos. A falta de um compromisso legal da S.e.a. com a aplicação do procedimento EIA à expansão do aeroporto contribui também para uma situação de ambiguidade, opondo cumprimento formal e razoabilidade.

Na segunda fase, com o "Malpensa 2000" transformado num *hub*, o aeroporto muda radicalmente de natureza e o problema da sua expansão envolve agora o nível local, nacional e europeu. Torna-se um megaprojeto e isto é necessário para aceder a esquemas de financiamento da UE. Em relação ao território, a expansão do aeroporto é justificada exclusivamente com base em conhecimento económico que mostra que o aeroporto é uma forma de responder à crise económica da área de Malpensa. Ao mesmo tempo, assiste-se à construção de um discurso da "necessidade de expandir", baseado em argumentos de interesse estratégico nacional na concorrência na UE e no "orgulho" nacional/regional. Malpensa não é apenas um aeroporto, torna-se um "desafio" que a Itália/Lombardia não pode falhar. Opositores ao Malpensa 2000 tornam-se "inimigos" desta luta.

A oposição à expansão do aeroporto (COVEST e UNICOMAL) age em duas frentes. Primeiro, a denúncia dos impactos negativos do aeroporto no ambiente e na qualidade de vida. A frente que se opõe à expansão do aeroporto denuncia os custos ambientais (nunca monetizados, diga-se), ao mesmo tempo que apoiantes da expansão do aeroporto respondem, mostrando benefícios económicos. A perícia económica e ambiental domina o debate. O que se observa é que neste caso não há qualquer terceira parte que emerge. Os atores nunca mais têm a oportunidade de se sentar na mesma mesa para discutir a expansão do aeroporto. Deve salientar-se também que a oposição dos anos 1990 é guiada sobretudo pelos grupos locais. Nos anos 1970, os partidos políticos e os sindicatos foram atores importantes na estabilização do compromisso sobre a expansão "razoável". Nos anos 1990, os principais partidos políticos apoiam o "Malpensa 2000", incluindo o partido Lega Nord. Além disso, nos anos 1970, as administrações locais lombardas atuam como jogadores individuais, alguns acordando com a S.e.a. compensações e benefícios económicos. É na frente de Piemonte que a participação das autoridades locais nos protestos é ainda relevante. Mas a Região de Piemonte não pode assumir o papel desempenhado anteriormente pela Lombardia. A questão é agora uma questão claramente suprarregional. O nível nacional não oferece qualquer apoio para a criação de um enquadramento institucionalizado no qual os vários atores possam discutir as suas diferentes posições em relação à expansão do aeroporto. O que se observa então é a produção de grandes quantidades de perícia mas sempre em risco de ser considerada perícia partidária e, como tal, não fiável para apoiar um teste legítimo da realidade. A configuração institucional produz a ausência de um enquadramento legítimo para produzir testes de realidade que possam ajudar a composição dialógica das opiniões em oposição sobre o aeroporto.

A segunda frente em que a oposição à expansão do aeroporto está implicada é a denúncia da suposta ilegalidade do aeroporto, dado que opera com um EIA negativo e, depois de 2005, sem AAE. Neste caso, também a situação é ambígua dado que não existe nenhum constrangimento legal formal que imponha estes procedimentos à expansão do aeroporto. A frente de oposição pede a instituições da UE apoio para fazer a S.e.a. cumprir um enquadramento de obrigações que contenha a realização destes procedimentos, mas as instituições da UE consideram esta questão uma questão nacional.

Nesta situação, em que as condições institucionais não estão garantidas de modo a proporcionar um ambiente favorável em que a definição de um compromisso legítimo sobre a expansão do aeroporto possa ser alcançada, a frente pró-expansão do aeroporto consegue criar um argumento de necessidade plausível. O argumento é construído sobre diferentes componentes: o impacto económico positivo do aeroporto a ser esperado no futuro e particularmente valorizável na situação de crise económica que a área de Malpensa atravessa; o papel estratégico do aeroporto num país como a Itália em que um discurso político e académico solidamente estabelecido estipula que as infraestruturas são necessárias e estão insuficientemente desenvolvidas; o orgulho nacional e regional que a grande infraestrutura corporiza.

Na última fase examinada, a plausibilidade desta construção de necessidade começa a vacilar. Isto acontece em parte devido a eventos externos que reduzem esta plausibilidade. Primeiro, a bancarrota da Alitalia. O papel da Alitalia era fundamental na transformação de Malpensa num *hub* internacional. Segundo, os benefícios económicos esperados começam a parecer ambíguos nas suas realizações. Os atores que se opõem à expansão de

Malpensa defendem uma análise custo-benefício séria do projeto de Malpensa e trabalham para desenvolver uma avaliação independente do impacto ocupacional do aeroporto. Adicionalmente, uma especulação imobiliária "disfarçada" é denunciada por detrás do plano de expansão apoiado pela S.e.a.. Além do mais, a frente de mobilização que trabalha em impactos ambientais junta à luta contra o ruído, que era a principal questão no final dos anos 1990, uma luta contra os poluentes de hidrocarbonetos, seguindo o caminho observado em outras mobilizações contra a poluição provocada pelos aeroportos. No entanto, prevalece ainda a falta de condições institucionais apropriadas capazes de oferecer um ambiente estabilizado e legítimo para realizar "testes de realidade" sobre a economia do aeroporto e os danos ambientais. O que se observa nesta última fase é também a nova forma de crítica desenvolvida pelos ativistas do *Viva Via Gaggio*. Este grupo está ativo em ambas as frentes de crítica económica e ambiental à expansão do aeroporto, ambas baseadas numa atividade de contraperícia. Ao mesmo tempo, os ativistas do *Viva Via Gaggio* desenvolvem uma crítica baseada na "necessidade de não" expandir o aeroporto, que depende dos seus apegos pessoais ao ambiente e da sua visão do desenvolvimento futuro da área. O seu ativismo é orientado para a construção de uma forma de crítica da expansão baseada na partilha da experiência de apego ao local ameaçado. Promovem localmente formas de "apropriação" do ambiente local em torno de Malpensa, através de atividades culturais (os passeios no bosque, em particular) em que o elemento de festividade é crucial. Trabalham também para ganhar visibilidade com um uso extensivo de novos meios de comunicação, especialmente as redes sociais na Internet. Ao mesmo tempo, ligam estas atividades a um projeto (para transformar a estrada de Gaggio num ecomuseu) que tenciona valorizar tanto as tradições culturais como a especificidade ambiental da área em termos de "património".

Conclusão

Nesta secção final, pretendeu-se identificar, a partir do caso Malpensa, algumas contribuições para compreender como se lida com a incomensurabilidade no âmbito de processos de decisão em relação a grandes projetos infraestruturais. O que este caso mostra é que os objetivos sociais conflituantes em jogo na realização de grandes projetos infraestruturais podem encontrar uma forma de ser expressos num espaço de controvérsia sociotécnica no qual a perícia desempenha um papel crucial em termos de oferecer uma base para explorar, para objectificar e para discutir impactos, custos e benefícios. Através de uma revisão do projeto, um acordo pode ser encontrado em termos de um compromisso, que é estabilizado não só nas caraterísticas materiais do projeto, mas também através de um ambiente institucional no qual "testes de realidade" legítimos podem ser realizados. Neste caso, a incomensurabilidade não é realmente resolvida (valores plurais são considerados na decisão), mas é antes um arranjo temporário que é desenhado, sem a necessidade de uma comensuração generalizada.

Esta configuração pode transformar-se em outro tipo de configuração em que alguns custos infligidos pela infraestrutura são denunciados como males, ou delitos, de forma a defender uma "necessidade de não". Paralelamente, o bem da infraestrutura *per se* é subtraído de qualquer escrutínio e instituído numa "necessidade de", de modo a que a infraestrutura não possa ser revista ou modificada. Neste caso, "fins" (opostos a meios) não podem ser compostos dialogicamente e a discussão de meios torna-se largamente não influente. Neste caso, pode observar-se um confronto de dois paradigmas. A dinâmica de crítica é neste caso diferente da que se observa numa controvérsia sociotécnica. Em particular, um elemento interessante do caso Malpensa é o que se constata na última fase, isto é, a oposição à expansão desenvolvida em termos de criação de uma incompatibilidade ontológica entre o aeroporto e o seu ambiente em redor. Discutiu-se como esta oposição mistura elementos de "testes de realidade", de perícia mas também um esforço para nutrir apegos pessoais ao ambiente.

Este estudo de caso mostra também a importância de eventos externos que podem enfraquecer (ou fortalecer) argumentos para apoiar ou contestar um projeto. Narrativas e imaginários parecem ser bastante vulneráveis a eventos externos. Isto mostra a importância de assumir uma abordagem histórica a este tipo de processos de decisão. A perspetiva histórica permite também detetar como o argumento da "necessidade de fazer" é desenvolvido na base de decisões *lock-in* que são tomadas sem um prévio envolvimento de todos os atores interessados como forma de forçar a sua adesão.

Referências bibliográficas

Balducci Alessando (1988), *L'implementazione di grandi progetti pubblici. Una indagine sui processi decisionali relativi all'ampliamento dell'aeroporto della Malpensa e alla rilocalizzazione del Policlinico di Milano*. Milão: CLUP.

Beria, Paolo; Scholz, Aaron B. (2010), "Strategies and pitfalls in the infrastructure development of airports: A comparison of Milan Malpensa and Berlin Brandenburg International airports", *Journal of Air Transport Management*, 16(2), 65-73. Doi: http://dx.doi.org/10.1016/j.jairtraman.2009.10.004

Bifulco, Lavinia; de Leonardis, Ota (2005), "Sulle tracce dell'azione pubblica", in Lavinia Bifulco (ed.), *Le politiche sociali. Temi e prospettive emergenti*. Roma: Carocci.

Boltanski, Luc; Thévenot, Laurent (1991), *De la justification*. Paris: Gallimard.

Di Palma, Perluigi; Paviotti, Roberta Sara (2008), *Dossier Malpensa*. Roma: Edizioni Procom.

Feldman, Elliot J. (1977), "Air Transportation Infrastructure as a Problem of Public Policy", *Policy Studies Journal*, 6(1), 20-29. Doi: http://dx.doi.org/10.1111/j.1541-0072.1977.tb01162.x

Ingold, Tim (2000), *The perception of the environment: Essays on livelihood, dwelling and skill*. Londres: Routledge.

Jasanoff, Sheila; Kim, Sang-Hyun (2009), "Containing the Atom: Sociotechnical Imaginaries and Nuclear Power in the United States and South Korea", *Minerva*, 47(2), 119-146. Doi: http://dx.doi.org/10.1007/s11024-009-9124-4

Kapp, K. William (1950), *The Social Costs of Private Enterprise*. Cambridge, MA: Harvard University Press.

Lafaye, Claudette; Thévenot, Laurent (1993), "Une justification écologique? Conflits dans l'aménagement de la nature", *Revue Française de Sociologie*, 34(4), 495-524. Doi: http://dx.doi.org/10.2307/3321928

Laugier, Sandra (dir.) (2012), *Tous vulnérables? L'éthique du «care», les animaux et l'environnement*. Paris: Payot.

Liebowitz, Stan J.; Margolis, Stephen E. (1995), "Path dependence, lock-in and history", *Journal of Law, Economics, and Organization*, 11(1), 205-226.

Magnaghi, Alberto (2010), *Il progetto locale. Verso la coscienza di luogo*. Turim: Bollati Boringhieri.

Pellizzoni, Luigi (2011), "Dalla retta alla spezzata. Il ruolo dell'expertise nei conflitti ambientali", in N. Podestà e T. Vitale (dir.), *Dalla proposta alla protesta, e ritorno. Conflitti locali e innovazione politica*. Milão: Bruno Mondadori.

Pizzi, Alma (2000), *Malpensa 2000*. Milão: Giorgio Mondadori.

Thévenot, Laurent (2007), "The Plurality of Cognitive Formats and Engagements: Moving between the Familiar and the Public", *European Journal of Social Theory*, 10(3), 409-423. Doi: http://dx.doi.org/10.1177/1368431007080703

Tosi, Simone; Vitale, Tommaso (2011), "Forza e debolezza del governo locale", in S. Tosi e T. Vitale (dir.), *Piccolo Nord. Scelte pubbliche e interessi privati nell'alto Milanese*. Milão: Bruno Mondadori, 227-254.

Tuan Yi-Fu (1977), *Space and Place: The Perspective of Experience*. Minneapolis, MN: University of Minnesota Press.

CAPÍTULO 6
UMA CONTROVÉRSIA INACABADA: UM AEROPORTO SEM PAÍS, O NOVO AEROPORTO DE LISBOA

ANA RAQUEL MATOS, TIAGO SANTOS PEREIRA E JOSÉ REIS

Introdução
Qualquer deliberação coletiva é permeável ao conflito. Isso mesmo nos é relembrado pela análise de controvérsias que têm vindo a suscitar interesse científico crescente por mostrar que há sempre culturas políticas que subjazem à tomada de decisão e aos procedimentos em que esta se pretende apoiar.

Em termos gerais, podemos recorrer a duas abordagens diferentes para compreendermos como se enquadra uma decisão: a) a abordagem designada como monística, assente na comensurabilidade de todas as variáveis em discussão e em operações de análise custo-benefício, e que pressupõe que o problema se resolve a partir da redução dos valores em oposição a uma métrica comum capaz de possibilitar *trade-offs* entre eles; e b) a abordagem pluralista, que, pelo contrário, defende a possibilidade da escolha racional em processos públicos, apesar da incomensurabilidade dos valores em conflito, e que propõe metodologias multicritério como recurso privilegiado no auxílio à tomada de decisão (Kiker *et al.*, 2005).

Pelos instrumentos e procedimentos que adotam, as duas abordagens têm vindo a ser equiparadas a "dispositivos de decisão" capazes de ultrapassar a "dificuldade moral" que advém da incerteza epistémica e normativa que caracteriza este tipo de problemáticas. Neste âmbito, as controvérsias sociotécnicas, sobretudo as que reportam a megaprojetos com fortes implicações ambientais, constituem espaços privilegiados para reconhecer que há, de facto, valores e imaginários em presença e que intervêm na deliberação.

Neste capítulo analisam-se as deliberações controversas que têm rodeado um destes megaprojetos – o novo aeroporto de Lisboa (NAL). Partindo deste caso, o nosso objetivo é: 1) avaliar como diferentes valores entraram em conflito no processo de deliberação, 2) identificar os dispositivos e instrumentos invocados para auxiliar a escolha nos seus momentos mais controversos e 3) analisar a forma como se lidou com a incomensurabilidade de valores. Metodologicamente, os dados que sustentaram a observação derivam essencialmente da análise documental, através do recurso à imprensa escrita, aos principais estudos realizados para fundamentar a escolha e a debates parlamentares focados na construção de um novo aeroporto em Lisboa.

1. A história do processo de decisão sobre o Novo Aeroporto de Lisboa

Até à inauguração do Aeroporto da Portela, em 1940, o movimento aéreo de e para Lisboa era servido pelo Campo Internacional de Aterragem, em Alverca.[1] Sendo Lisboa a capital mais ocidental da Europa, o governo português tinha entretanto entendido que a cidade poderia funcionar como plataforma aérea para voos intercontinentais. Nesse sentido, foram projetados dois aeroportos: o da Portela, terrestre e orientado para os voos europeus, e o Aeroporto Marítimo de Cabo Ruivo, para voos transatlânticos.[2] O posterior crescimento do número de passageiros, sobretudo no pós-guerra, levou à decisão, em finais da década de 1960, de avançar com a construção de um novo aeroporto. Nesse sentido, foi criado o

---

[1] O Campo Internacional de Aterragem entrou em funcionamento em 1919.

[2] O Aeroporto Marítimo de Cabo Ruivo, onde aterravam os hidroaviões vindos da América, foi desativado em 1950, altura em que a aviação transatlântica deixou de ser feita neste tipo de aparelhos.

Gabinete do Novo Aeroporto de Lisboa (GNAL), a que competia desenvolver e coordenar as atividades relacionadas com o avanço da construção do empreendimento.

O GNAL procedeu, em 1969, a estudos preliminares de localização, considerando várias localizações na margem sul do Rio Tejo: Fonte da Telha, Montijo, Alcochete, Rio Frio ou Porto Alto (Ministério das Comunicações, 1972). A possibilidade de alargar a Portela foi também objeto de avaliação, tendo-se concluído que esta opção apresentava vários inconvenientes, sobretudo devido à sua capacidade limitada de expansão. Numa primeira aproximação, concluiu-se que Porto Alto e Rio Frio eram as localizações mais favoráveis. Estudos subsequentes, realizados por entidades internacionais, comparando estas localizações, reafirmaram Rio Frio como melhor localização, pela área de construção disponível e com potencial para futuras ampliações.[3] Este processo foi interrompido pelos acontecimentos históricos de 1974, tendo sido retomado em março de 1977, altura em que é desativado o GNAL e as suas competências transferidas para a recém-criada ANA – Aeroportos e Navegação Aérea. O contexto económico e político tinha-se alterado, dado o aumento do preço do petróleo, em 1973, e a independência das colónias, levando à desatualização dos anteriores estudos. A ANA empreendeu, assim, novos estudos, entre 1978 e 1982.[4]

Nesses estudos concluiu-se que havia agora uma alternativa viável a norte do Tejo, a Ota, enquanto a sul eram apontadas as localizações de Rio Frio e Porto Alto. Das três, a Ota era considerada

---

[3] No concurso para as entidades interessadas na realização do estudo, foi selecionada a Systems Analysis and Research Corporation (SARC), de Washington D.C., em associação com a também norte-americana Howard, Needles, Tammen and Bergendoff, e com o consórcio luso-alemão Induplano, Dorsch, Gerlach and Weidle (I.D.G.W.).

[4] Destaca-se o estudo da TAMS/Profabril sobre 12 localizações alternativas – as cinco localizações iniciais na margem sul mais Marateca, a que acrescem, designadamente, Santa Cruz, Ota, Azambuja, Alverca e Tires, a norte do rio Tejo.

a menos favorável e Rio Frio apresentava vantagens face a Porto Alto.

1.1. Ota e Rio Frio, o primeiro foco da controvérsia

Entretanto, em 1990, o governo solicitou à ANA um novo estudo comparativo da Ota e de Rio Frio, não se tendo concluído a favor de nenhuma das localizações (Henriques, 2007: 14). Por isso, em 1994, a ANA comparou Montijo,[5] Rio Frio e Ota, concluindo-se que Rio Frio apresentava diversas vantagens, que a Ota se destacava pelo seu potencial impacto ao nível do desenvolvimento regional e que o Montijo reunia aspetos positivos em quase todas as áreas avaliadas (ANA, 1994).

Em 1997, com a criação do grupo de trabalho NAER (GT--NAER),[6] foi proposta a adjudicação, coordenação e compatibilização dos vários estudos parcelares a um consultor internacional[7] com vista a uma proposta final para a localização do NAL, comparando Rio Frio e a Ota e considerando a opção de expansão do aeroporto da Portela. A responsabilidade pela coordenação dos estudos de incidência ambiental foi atribuída ao Departamento de Ciências e Engenharia do Ambiente da Universidade Nova de Lisboa (DCEA-UNL).

Em conformidade com uma decisão do governo, fundamentada na Lei de Bases do Ambiente, em 1998, a comparação entre a Ota e Rio Frio fez-se segundo procedimentos de Avaliação de Impacte Ambiental (AIA), dada a natureza, características e dimensão do

---

[5] Com duas localizações possíveis: A – 03/21 Norte/Sul; e B – 08/26 (Este/Oeste).
[6] Através da Resolução do Conselho de Ministros n.º 122/97, de 3 julho, o GT-NAER fica encarregado de formular mais estudos sobre a localização do NAL e promover a criação de uma empresa de capitais públicos para preparação e execução das decisões quanto ao planeamento e construção do aeroporto – a NAER S.A. –, que veio a ser criada em 1998.
[7] Aéroports de Paris (ADP), em coordenação com a PRET (Profabril Engenharia de Transportes).

NAL (LNEC, 2008). Neste contexto, tanto a Ota como Rio Frio demonstraram impactos negativos significativos, embora a Ota fosse apontada como a localização mais desfavorável. Em setembro do mesmo ano, refletindo a crescente preocupação com o impacto ambiental[8] do projeto, apoiada em diversas diretivas europeias nesta área, constituiu-se a Comissão de Avaliação de Impacte Ambiental (CAIA)[9] para o Plano do NAL (Gonçalves, 2002). Os estudos ambientais passaram a ser particularmente relevantes, sendo sugeridos pelas principais organizações não-governamentais ambientais consultadas no âmbito do processo. A Comissão de AIA revelou-se muito crítica dos termos de referência e metodologia da avaliação ambiental, nomeadamente por não explicitar uma perspetiva de análise comparada, adequada à seleção de alternativas, bem como dos Estudos Preliminares de Impacto Ambiental (EPIA) daí resultantes, cujas conclusões considerou não serem suficientes ou válidas como elementos de base para a tomada de decisão. A Comissão concluiu que ambas as alternativas de localização apresentavam impactos negativos significativos, sendo a Ota menos desfavorável que Rio Frio por este «apresentar graves condicionantes que podiam pôr em causa a sua sustentabilidade ambiental».[10]

[8] Despacho Conjunto do Ministério do Equipamento, do Planeamento e da Administração do Território e do Ministério do Ambiente n.º 682/98, de 22 de setembro.
[9] De acordo com o n.º 2 do referido Despacho Conjunto MEPAT/MA, integravam a CAIA as seguintes instituições: Direção-Geral do Ambiente – DGA; Instituto da Água – INAG; Instituto da Conservação da Natureza – ICN; Instituto de Promoção Ambiental – IPAMB; Direção Regional do Ambiente de Lisboa e Vale do Tejo – DRA/LVT; Comissão de Coordenação da Região de Lisboa e Vale do Tejo – CCR/LVT. Participaram ainda na CAIA uma Consultora em Sistemas Ecológicos e outra em Comunidades Locais e Socioeconomia.
[10] Informação disponibilizada no comunicado da Confederação Portuguesa de Associações de Defesa do Ambiente, de 24 de dezembro de 2008, disponível em <http://www.cpada.pt/pt/index.php?option=com_content&view=article&id=51:i rreversibilidade&catid=34:comunicados&Itemid=50>.

Após a consulta pública e pareceres de várias entidades públicas, a CAIA manteve as suas conclusões no parecer que entregou ao governo.[11] Com base nelas, e apesar de conclusões distintas de dois outros estudos,[12] em julho de 1999, quase 30 anos depois das primeiras avaliações, o Ministério do Ambiente eliminou a hipótese Rio Frio e o Conselho de Ministros confirmou a escolha da Ota para localização do novo aeroporto de Lisboa. A disputa pela localização do NAL entre Ota e Rio Frio e a emergência dos valores ambientais como fatores centrais de deliberação marcaram o primeiro foco desta controvérsia.

Entretanto, em 1998, tinham surgido as primeiras ações cívicas em defesa das localizações do NAL. O movimento Pró-Aeroporto de Rio Frio, que defendia a localização em Rio Frio, apresentava argumentos como a proximidade aos portos de Lisboa, Sines e Setúbal e as potencialidades de Sines, com o Terminal XXI. O movimento Pró-Ota argumentava com as condições de acesso favoráveis (autoestrada e ferrovia), o facto de não sobrecarregar a ponte na travessia para a margem Sul do Tejo e a proximidade com uma vasta malha urbana, para além de Lisboa, servindo melhor mais

---

[11] Esta decisão remonta, no entanto, às conclusões de uma reunião realizada em junho de 1998 entre organizações ambientais não-governamentais, Direção Geral do Ambiente (DGA) e auditor ambiental do Ministério do Equipamento, onde se recomenda: a) que o Ministro do Ambiente siga formalmente a avaliação ambiental; b) que se aplique a legislação de EIA; c) se tornem públicos os estudos elaborados e se realize, pelo menos, uma audiência pública. Foi neste contexto que, entre 18 de março e 14 de maio de 1999, as opções Ota e Rio Frio foram colocadas em avaliação através do mecanismo de consulta pública, a qual, no entanto, não evidenciou uma preferência clara por uma das zonas.

[12] Estudo a cargo da ADP – Aéroports de Paris, cujos resultados foram entregues ao governo em agosto do mesmo ano, e estudo efetuado pela British Airport Authority (BAA) e pela empresa gestora do aeroporto de Manchester, que referia que a Portela poderia receber até 21 milhões de passageiros.

população.[13] Em 1999, foi criado o movimento Pró-Portela com o mote "contra a nova periferia". Punha em causa a necessidade de um novo aeroporto e defendia a manutenção e alargamento da Portela (menores custos) e a transferência dos voos *charters* e de carga para o Montijo. Contou, designadamente, com o apoio de entidades ligadas à hotelaria e ao turismo.

1.2. A viragem do milénio e o novo foco da controvérsia: Ota vs. Alcochete

Em 2000, foram definidos os objetivos para a construção do NAL na Ota,[14] um projeto cujo início o XVI Governo Constitucional (2002-2004) adiou para 2006, com base na previsão do esgotamento da capacidade da Portela em 2017. Em janeiro de 2003, o mesmo governo esclareceu que não pretendia continuar a investir na Portela, decisão que parece ter decorrido da reunião de alto nível sobre a rede transeuropeia de transportes onde se atribuiu prioridade ao NAL na Ota e se estabeleceu 2015 como data para a sua conclusão. O projeto do NAL foi retomado em 2005 pelo XVII Governo Constitucional (2005-2009) e assumido como uma prioridade. A NAER foi mandatada para avançar com novos estudos de especialidade, incluindo a AIA, sendo 2017 a data prevista para a entrada em funcionamento do novo aeroporto e o encerramento do da Portela.

Em março de 2007, a Confederação da Indústria Portuguesa (CIP) encomendou ao Instituto do Ambiente e Desenvolvimento (IDAD) um estudo para determinar a viabilidade da construção do NAL na margem sul do Tejo.[15] Os resultados desta avaliação foram tornados públicos e apontaram Alcochete como a melhor alternativa

---

[13] O próprio movimento toma a iniciativa de encomendar a elaboração de um estudo ao Centro de Estudos e Desenvolvimento Regional e Urbano (CEDRU), que seria publicado pela Comissão de Coordenação da Região Centro (Gaspar, 1999).
[14] Através da RCM n.º 18-B/2000.
[15] Estudo de Avaliação Ambiental de Localizações Alternativas para o Novo Aeroporto de Lisboa.

para a localização do NAL (IDAD, 2007). Num contexto de crescente visibilidade pública da controvérsia, o governo entendeu que esta opção merecia ser apreciada e em junho do mesmo ano anunciou o lançamento de estudo comparativo entre Ota e Alcochete, no Campo de Tiro de Alcochete (CTA), mandatando, para o efeito, o Laboratório Nacional de Engenharia Civil (LNEC) e dando-lhe um prazo de seis meses.

Em novembro de 2007, também a Associação Comercial do Porto (ACP) entregou ao governo uma Avaliação Económica do Mérito Relativo da Opção "Portela+1", elaborada por uma equipa da Universidade Católica, recomendando manter a Portela, opção a complementar com Montijo ou Alcochete como aeroporto para voos *low cost*. Este estudo não recebeu a mesma atenção e não foi considerado na avaliação do LNEC.

Os movimentos cívicos acompanharam o novo foco da controvérsia. Em maio de 2007, surgiu a Associação Desenvolvimento e Novo Aeroporto (adnA) – associação cívica constituída por autarcas de 14 municípios da região do Oeste, assim como associações empresariais e de turismo – que defendia o NAL na Ota e, em janeiro de 2008, o Movimento Cívico Pró-Margem Sul, lançado por iniciativa da Liga dos Amigos de Setúbal e Azeitão (LASA).

Em janeiro de 2008, o relatório final do LNEC foi entregue, concluindo que

> face aos resultados da análise comparada e sendo atribuída igual importância a cada um dos factores críticos analisados [...], a localização do NAL na zona do Campo de Tiro de Alcochete (CTA) é a que, do ponto de vista técnico e financeiro, se verificou ser, globalmente, mais favorável. (LNEC, 2008: XXII)

Face às novas conclusões, o governo aprovou preliminarmente a localização do NAL no Campo de Tiro de Alcochete.[16] A NAER

---

[16] RCM n.º 13/2008, de 22 de janeiro.

foi incumbida de promover a consulta pública e institucional do relatório, permitindo ao LNEC elaborar a versão final da Avaliação Ambiental Estratégica (AAE) comparativa de ambas as localizações. A AAE veio consolidar as conclusões e recomendações do primeiro relatório do LNEC, levando o governo a confirmar a decisão preliminar de localização do NAL no Campo de Tiro de Alcochete.[17] Após o desenvolvimento do Plano Diretor de Referência (PDR) do NAL na localização escolhida, a NAER abriu concurso para a realização do EIA, o qual foi entregue à Agência Portuguesa do Ambiente em março de 2010 e colocado a consulta pública entre 26 de julho e 24 de setembro de 2010. A Associação Nacional de Conservação da Natureza (Quercus), a Liga para a Proteção da Natureza (LPN) e o Grupo de Estudos de Ordenamento do Território e Ambiente (GEOTA) expuseram, em comunicado de imprensa, as conclusões do seu parecer ao EIA, alegando que «não é necessário nem adequado neste momento avançar com o projeto do Novo Aeroporto de Lisboa» e que «o EIA apresenta lacunas muito graves que mascaram e/ou omitem impactes muito significativos, pelo que não cumpre com o requisito de poder funcionar como um instrumento de apoio à decisão».[18]

Entre as várias iniciativas de discussão levadas a cabo, tiveram lugar dois seminários,[19] um em maio, em Coimbra, e outro em dezembro, em Lisboa, sob o tema genérico "Um Aeroporto para o País ou Um País para o Aeroporto?", que culminaram com a apresentação de observações escritas no âmbito do procedimento de

---

[17] RCM n.º 85/2008, de 8 de maio.
[18] Comunicado de 27 de setembro de 2010, disponível em <http://www.geota.pt/scid/geotaWebPage/defaultArticleViewOne.asp?categoryID=720&articleID=2173>.
[19] Organizados pela Câmara Municipal do Cartaxo, pelo Centro de Estudos Sociais da Faculdade Economia da Universidade de Coimbra e pelo Conselho Empresarial do Centro.

consulta pública relativo à localização do Novo Aeroporto de Lisboa. Nas referidas observações,[20] apontava-se:

i) desvio de poder

[porquanto, com a] opção inusitada pela localização do NAL no Campo de Tiro de Alcochete [...], se transformou uma infraestrutura que é normativamente pressuposta como tendo relevância à escala nacional (servindo a Área Metropolitana de Lisboa e um conjunto significativamente denso de outros aglomerados urbanos relevantes que possam confluir para a mesma) numa outra cuja expressão se reduz à escala local ou regional (servindo basicamente a Península de Setúbal).

ii) violação dos princípios da racionalidade e da razoabilidade

dado que [foram] pura e simplesmente obliterados, enquanto factores relevantes de análise e de decisão, alguns dos princípios fundamentais (e seus subprincípios concretizadores) enformadores das políticas públicas em matéria de ordenamento do território.

iii) erro manifesto de apreciação

[dado que] apesar da respectiva autovinculação a critérios ou subcritérios de avaliação e ponderação das soluções alternativas concorrentes tendencialmente objectivos, reduzindo por essa forma a respectiva margem de livre decisão tendencialmente a zero, certo é que a Administração incorreu, claramente, em erros manifestos de apreciação, seja na construção destes critérios/indicadores (atento o respectivo artificialismo, assente numa clara distorção ou enviesamento valorativo dos dados de facto relevantes oferecidos pela realidade atual do País), seja na sua aplicação (custos de investimento e análise custo-benefício).

---

[20] Subscritas por Bernardo Mascarenhas Almeida Azevedo, João Gomes Cardona Cravinho, José Joaquim Dinis Reis e Manuel Carlos Lopes Porto.

1.3. Uma decisão adiada pela crise

Em 2010, a crise desencadeada pela financeirização da economia começava a agudizar os seus efeitos, colocando em causa a execução do NAL. Assim, em finais de 2011, foi aprovado, no quadro da execução do Memorando de Entendimento com a União Europeia, o Banco Central Europeu e o Fundo Monetário Internacional,[21] o Plano Estratégico dos Transportes – Mobilidade Sustentável, que determinou a revisão dos pressupostos de base para a construção do NAL. Foi dada prioridade à rentabilização da Portela, prevendo-se a realização de uma análise comparativa das infraestruturas aeroportuárias existentes, da sua capacidade e da viabilidade de poderem vir a acomodar tráfego aéreo civil.[22]

Em 2012, foi criada a equipa de missão para o estudo de viabilidade do aeroporto complementar de Lisboa, a realizar em 90 dias,[23] que considerou cinco alternativas: Montijo, Alverca, Sintra, Monte Real e Beja. A 9 de abril foi noticiado que um grupo de agentes económicos influentes, liderado pelo presidente da Ordem dos Engenheiros, apresentara uma proposta ao governo defendendo a construção modular de um novo aeroporto em Alcochete dedicado a voos *low cost*, contando já com um estudo de viabilidade económica e financeira.[24] O relatório da equipa de missão, entregue em julho de 2012, apresentou Montijo como a solução mais viável para este fim. Neste contexto, o governo responsabilizou-se, a médio prazo, pelas obras faseadas relativas ao alargamento da Portela, designadamente em 2013 e 2017, adiando a decisão final sobre o NAL para 2022 e delegando-a nos futuros acionistas da ANA.[25]

---

[21] Este memorando fica conhecido como o acordo com a *troika*.
[22] RCM n.º 45/2011, de 10 de novembro.
[23] Despacho conjunto n.º 797/2012, de 20 janeiro.
[24] Semanário *Sol*, cf. http://sol.sapo.pt/inicio/Economia/Interior.aspx?content_id=46239
[25] O grupo francês Vinci vem a vencer o processo de privatização da ANA desenvolvido pelo governo português, e aprovado pela Comissão Europeia em junho de

1.4. O Novo Aeroporto de Lisboa como imaginário sociotécnico

As sociedades contemporâneas são marcadas por tensões às quais os processos deliberativos não escapam. Influenciadas pelos avanços científicos e tecnológicos, as controvérsias colocam em evidência o choque entre direitos individuais e objetivos sociais, prioridades políticas e valores ambientais, interesses económicos e preocupações com a saúde, entre outros (Nelkin, 1984). As controvérsias são, por excelência, lugares de dissenso, mas também de cenários imaginados.

O território e o ordenamento urbano, o ambiente e o posicionamento geoeconómico dos países são pontos nucleares dos diferentes imaginários e permitem sinalizar os desejos dos vários atores implicados em controvérsias como estas. A relação entre as cidades, os sistemas urbanos e as infraestruturas que as suportam, assim como as preocupações com a geografia, tornaram-se, de facto, particularmente salientes no debate deste caso, tal como as implicações para a qualidade ambiental, a justiça social e a sustentabilidade (Furlong, 2010). Assim é porque megaprojetos como um aeroporto confrontam distintos paradigmas de desenvolvimento e tornam-se fenómenos de grande complexidade. A questão é incontornavelmente problemática e controversa (Szyliowicz e Goetz, 1995).

A intenção de construir um novo aeroporto em Lisboa, como sublinham aqueles que defenderam o empreendimento, traduz um passo importante para o desenvolvimento do país e para o reforço da sua organização territorial. E relaciona-se com a localização de Portugal no mundo, discutindo-se o seu papel de plataforma privilegiada de contacto com a América e a África, que encontrariam no NAL a porta de entrada para a Europa. A questão do desenvolvimento territorial, sendo um pilar central na arquitetura da decisão,

2013, adquirindo títulos da ANA pelo prazo de 50 anos e tornando-se a empresa gestora dos aeroportos portugueses.

constituiu-se também num importante foco de conflito, refletindo o próprio caráter controverso da noção de desenvolvimento.

O conceito de imaginário sociotécnico (Jasanoff e Kim, 2009, 2013) é útil para analisar as diferentes abordagens sobre desenvolvimento na sua relação com o NAL. Um "imaginário sociotécnico" define-se a partir de formas de vida e de ordem social coletivamente imaginadas, refletidas na conceção e na realização de projetos científicos e/ou tecnológicos específicos. Esta ideia de projeção futura da realidade assenta num ideal realizável, projetando o que um Estado considera desejável (Jasanoff e Kim, 2009). Enquanto visões performativas da realidade, estes imaginários relacionam aspetos do presente com um futuro desejado, criando as condições para o tornar alcançável (Jessop, 2010). Um imaginário pressupõe assim um objetivo bem definido que se pretende alcançar, sendo necessário que os agentes que o criam tenham poder para o concretizar e haja uma estratégia baseada na convicção de que esse imaginário é útil e necessário (Fairclough, 2010).

Embora a ideia de imaginário sociotécnico saliente a convergência de visões entre atores em torno de um projeto nacional, isso não apaga distintas epistemologias ou práticas. No caso do NAL, a ideia de desenvolvimento enquanto valor central do projeto condicionou o processo de decisão, nele radicando a visão que projeta Portugal enquanto plataforma giratória de passageiros entre a Europa e outros continentes. Igualmente presente foi o imaginário de um país que procurava assegurar a sua coesão regional e urbana interna, considerando a mobilidade um dos pressupostos para garantir esse objetivo.

O imaginário sociotécnico incorporado no projeto do novo aeroporto reflete, assim, um modelo de desenvolvimento modernista e cosmopolita, associado à ideia de imaginário estatal de bem público (Levidow e Papaioannou, 2013). Funciona também como uma espécie de *tecnologia de mediação* (Furlong, 2010), ou seja, um "aditivo" que se soma a uma rede de infraestruturas e que, para além de provocar impactos geográficos, alteraria as relações sociotécnicas de diversas maneiras. Lembremos, adicionalmente, a relação do NAL com o Programa Nacional da Política de Ordenamento do Território (PNPOT) ou com a Rede de Transportes de Alta Velocidade e os impactos destas relações como argumentos na controvérsia. Neste debate, o desenvolvimento projeta-se ainda a diferentes escalas: a) a do desenvolvimento nacional, já que o NAL foi reiteradamente assumido como um investimento estratégico do ponto de vista da competitividade económica, considerando, designadamente, a vizinhança de Espanha; b) a de desenvolvimento regional, tendo em conta as relações necessárias com os territórios e os sistemas urbanos envolventes e o uso das infraestruturas existentes.

Se a questão do desenvolvimento dominou o processo de decisão até meados da década de 1990, a partir de então as questões ambientais impuseram-se no debate. Esta passagem coincide com a entrada numa nova fase da controvérsia. O conhecimento científico especializado passou a assumir grande peso na fundamentação do que está em jogo. Procurou-se uma apreciação mais ampla dos impactos e uma métrica mais fina de custos e benefícios de cada uma das opções (Desrosières, 2008), assim como se deu maior atenção à valorização dos riscos, sobretudo os ambientais. Considerar que o ambiente é um valor a proteger é, aliás, reflexo de uma agenda política supranacional que Portugal partilha com a União Europeia.[26] É neste período que o NAL se evidencia como

[26] A integração de Portugal na União Europeia condicionou a realização de procedimentos de caráter ambiental no âmbito do NAL, entre os quais a consulta pública ambiental realizada em 1999, Estudos Preliminares de Impacto Ambiental (EPIA), a Avaliação de Impactes Ambientais (AIA), em 1998, e mais tarde a Avaliação Ambiental Estratégica. A avaliação ambiental de planos e programas tornou-se um procedimento obrigatório desde a publicação do Decreto-Lei n.º 232/2007, de 15 de junho, que consagra no ordenamento jurídico nacional os requisitos legais europeus estabelecidos pela Diretiva n.º 2001/42/CE, de 25 de junho. O Decreto-Lei

um bem público projetado a partir de um imaginário que tenta combinar ambiente sustentável e vantagens económicas (Levidow e Papaioannou, 2013). O ambientalismo tornou-se matéria de consenso social (Lockhart, 2001) e os processos de decisão são agora marcados por uma «consciência ambiental global» (Jasanoff, 2012: 79). O NAL não foge a isso. A partir da década de 1990, os estudos de caráter ambiental passaram, pois, a ser centrais.

Controvérsias sociotécnicas como estas passam a ser parte da ideia de "sociedade de risco" de que fala Beck (1992) e corroboram a ideia de que o risco é particularmente relevante quando estão em causa questões ambientais. A consultoria especializada, baseada na perícia técnica de procedimentos como os EPIA, as AIA e as AAE junta-se à promoção da participação cidadã através de mecanismos de consulta.

Esta é uma mudança na "epistemologia cívica" dominante (Jasanoff, 2007), já que abordagens leigas tiveram, pela primeira vez, direito a uma participação na interface ciência-política, deixando esta de ser um domínio exclusivo de peritos e de decisores políticos. No entanto, merece ser salientado que, enquanto as questões ambientais se constituíram num campo relevante para este tipo de discussão, outros aspetos do debate, designadamente os da coesão territorial, da inserção internacional ou da formulação geral das política públicas permanecem no domínio dos intangíveis, não ganhando a mesma centralidade.

n.º 232/2007, de 15 de junho, assegura ainda a aplicação da Convenção de Aarhus, de 25 de junho de 1998, transpondo para a ordem jurídica interna a Diretiva n.º 2003/35/CE, de 26 de maio, a qual veio estabelecer a participação do público na elaboração de planos e programas relativos ao ambiente, tendo ainda em conta o Protocolo de Kiev da CEE/ONU, aprovado em 2003, relativo à avaliação ambiental estratégica num contexto transfronteiriço. O procedimento de avaliação ambiental de planos e programas, tal como legalmente definido, pode ser executado seguindo metodologias de avaliação ambiental estratégica, um instrumento de relevo das políticas de desenvolvimento territorial sustentável na União Europeia (O'Neil, 2007).

2. A controvérsia do NAL como objeto de análise

A análise de controvérsias, que se desenvolveu a partir dos trabalhos de Nelkin (1971) e Mazur (1973, 1981), constitui hoje uma área central de investigação sobre os processos de decisão. São as implicações que trazem à vida coletiva que tornam certas controvérsias um fenómeno social relevante e objeto de interesse analítico (Giere, 1987), já que mobilizam posições antagónicas entre setores da sociedade (McMullin, 1987). A análise de controvérsias sociotécnicas tem ganho particular projeção no campo dos estudos sociais da ciência, sendo, aliás, uma das suas áreas privilegiadas de análise (Latour, 2004; Jasanoff, 2007), em que se valoriza a análise de conflitos como oportunidade para a democratização dos espaços públicos de decisão (Callon *et al.*, 2001: 49).

Os estudos sociais da ciência são ainda relevantes porque fizeram emergir a questão da incerteza, tanto a incerteza epistémica, relacionada com a falta de fundamentos científicos, como a incerteza normativa, relacionada com a definição de bens ou valores (Funtowicz e Ravetz, 1991; Wynne e Felt, 2007). A incomensurabilidade que advém dos valores em conflito (Sustein, 1994) ganha particular relevância face à incapacidade de os reduzir a uma medida única que permita hierarquizar preferências por forma a tomar uma decisão (Kiker *et al.*, 2005).

2.1. *Revisitando a controvérsia*

Os processos de deliberação públicos sobre megaprojetos infraestruturais, como os aeroportos, são controversos, complexos e com um grau de incerteza muito elevado (Nelkin, 1975: 35; Frick, 2008: 240-241) porque implicam grandes riscos e pressupõem transparência (Bruzelius *et al.*, 2002).

Parte da complexidade do NAL advém de dois eixos controversos que marcaram o processo de decisão: a) a necessidade de construir um novo aeroporto em Lisboa, contestada pelos que defendiam a longevidade do aeroporto da Portela, desde que complementado com um aeroporto de menores dimensões para voos *low cost* (com localização também a determinar); b) a localização do novo aeroporto que substituiria o da Portela. Estes dois focos da controvérsia perduraram paralelamente ao longo de mais de 40 anos e envolveram atores com linhas de argumentação distintas.

Nesse contexto, são dois os momentos centrais desta controvérsia. O primeiro reporta-se a 1998/1999, quando, após vários anos de estudos sobre duas localizações possíveis – Rio Frio e Ota – se decidiu avançar com o empreendimento na Ota. Um segundo emerge em 2006, altura em que os interesses reunidos à volta da Confederação da Indústria Portuguesa e do estudo que esta mandou realizar se manifestaram de forma mais intensa. Resta saber o que é determinante. Se a base de conhecimento mobilizada, se a movimentação dos atores e a permeabilidade governamental. Em qualquer caso, abriu-se uma nova avaliação governamental e a localização na Ota, que se considerava definitiva, foi colocada a par da opção de Alcochete, até aí não estudada. Ao longo dos dois ciclos de controvérsia manteve-se o argumento da manutenção da Portela, proposta como opção a partir dos novos elementos recolhidos, em 2007, pelo estudo realizado pela ACP.[27] Este não veio, contudo, a influenciar o processo.

2.2. O NAL como campo de incerteza epistémica

Em controvérsias complexas como a do NAL, a ação dos peritos é muitas vezes decisiva, conferindo legitimidade pública, enquanto ferramenta de coordenação da decisão, face à incerteza epistémica,

---

[27] O estudo reafirma a hipótese Portela+1, valida a sustentabilidade do aeroporto da Portela, desde que complementada com um aeroporto para voos *low cost*, avançando Montijo como a melhor localização para o efeito.

numa espécie de base racional dos processos deliberativos (Nelkin, 1975).[28]

A complexidade e a incerteza epistémica que permeiam decisões como esta em discussão sustentam-se nas conclusões de estudos diversos, focados em diferentes áreas de *expertise*, que consideram a análise de várias dimensões. Tenta-se que esse investimento reverta a favor de uma decisão sustentada, técnica e cientificamente, favorecendo a ideia de "purificação da ciência" e de "purificação da política" (Latour, 2003). Casos controversos como o do NAL resultam, assim, em aparentes simetrias entre política e ciência (Latour, 2004), as quais reforçam o interesse pelos assuntos geradores de controvérsia e tornam mais difícil a resolução dos problemas em debate.

Os passos dados ao longo do processo de deliberação sobre o NAL podem assemelhar-se a artefactos híbridos, feitos de um emaranhado de política e de conhecimento especializado que, embora não traduzindo a subordinação de uma arena a outra, vão ao encontro de um complexo processo de mútua implicação (Konopásek *et al.*, 2008). Sheila Jasanoff (1990) ilustra esta imbricação alegando que os próprios especialistas parecem, por vezes, dolorosamente conscientes de que aquilo que fazem não é ciência, mas uma atividade híbrida que combina elementos de evidência científica com grandes doses de julgamento social e político.

2.3. *Incerteza e complexidade como oportunidades de democratização da política e das decisões coletivas*

É neste contexto que ocorrem processos de "dupla delegação": a delegação que os cidadãos confiam aos políticos que os repre-

---

[28] Embora McMullin (1987), por exemplo, assinale que o termo "racional" é extremamente ambíguo quando aplicado a este contexto de análise, sobretudo porque a racionalidade científica tem tido muito tempo para se formar e está, contudo, longe de se realizar.

sentam e a que conferem aos peritos (Callon *et al.*, 2001). As controvérsias emergem desta arquitetura quando a legitimidade da ciência, sobretudo em processos deliberativos com elevado grau de complexidade, não é suficiente para suportar o peso de uma decisão que é essencialmente política (Velho e Velho, 2002; Gonçalves *et al.*, 2007).

Uma controvérsia com a longevidade da do NAL não dispensa uma referência à cultura política prevalecente em Portugal. Uma revolução abriu caminho a novas formas, legítimas, de intervenção direta dos cidadãos na vida política. Mas isso não se revelou suficiente para contrariar a tendência de monopolização das decisões coletivas pelos políticos eleitos nem tampouco para institucionalizar formas de participação pública, como as que foram inscritas, por exemplo, na Constituição de 1976. Como sublinha Maria Eduarda Gonçalves, «embora se tenham tornado formalmente democráticos desde meados da década de 1970, os processos de decisão em Portugal não conseguiram ainda incorporar conhecimentos científicos e participação pública de uma forma regular e sistemática» (2002: 266-267). A este propósito, Szyliowicz e Goetz referem que «é imperativo encarar os aeroportos como instalações verdadeiramente públicas que exigem a participação ativa de todos os grupos dentro da comunidade afetada» (1995: 364).

Considerando os dois focos salientes nesta controvérsia, registou-se uma parca e esparsa mobilização por parte da sociedade civil em torno das questões em disputa na controvérsia do NAL. Os movimentos cívicos criados e as consultas públicas realizadas no âmbito do processo dão conta de distintos registos de envolvimento da esfera cidadã, uma dinâmica de intervenção claramente distinta daquela que é descrita neste livro por Laura Centemeri no estudo de caso sobre o aeroporto de Milão.

3. Os dispositivos de tomada de decisão no caso NAL: entre a análise custo-benefício e a incomensurabilidade

Os problemas complexos presentes em processos deliberativos com efeitos a longo prazo, em que os factos são incertos e os riscos elevados (Funtowicz e Ravetz, 1993), colocam dificuldades à investigação e à avaliação, sobretudo em termos qualitativos, assim como à comparação e à hierarquização de opções alternativas. Desta complexidade resulta a necessidade de escolha de uma definição operacional de valor – apesar de existirem atores sociais com diferentes identidades culturais e objetivos e, portanto, diferentes definições de valor. Numa decisão controversa, torna-se necessário perceber, para cada um dos implicados, o que é relevante na representação do problema (Munda, 2008).

A análise custo-benefício (ACB) tem vindo a ser assumida como um instrumento útil na definição de políticas públicas em casos como estes (Arrow *et al.*, 1996). No entanto, a aliança que tem prevalecido entre a ACB e os processos de decisão é também ela controversa e objeto de crítica (Sen, 2000). Costa e Rodrigues (2008) afirmam que a definição de ACB que tem vindo a interessar às políticas públicas é muito precisa e limitada, referindo-se apenas a um conjunto de métodos que permitem catalogar, de forma sistemática, os impactos monetários de uma determinada opção pública, implicando a identificação do preço dos seus benefícios, assim como dos seus custos para a sociedade, tomada como um todo, e deixando de fora outras considerações que não encontram lugar nesta premissa. Confrontam-se assim abordagens que perspetivam a existência de valores comensuráveis com outras que salientam a necessidade de lidar com as dimensões incomensuráveis e que não encontram enquadramento na abordagem neoclássica. Esta, assentando na teoria da escolha racional, remete para a ideia de que é sempre possível reduzir as diferentes dimensões de valor dos bens a uma mesma medida, ou seja, uma medida monetária que permite atribuir-lhes um preço, traduzindo também o princípio da mercadorização que se tem vindo a refletir na extensão do mercado a esferas cada vez mais amplas da vida social (Costa e Rodrigues, 2008). A base da ACB assenta, portanto, no alicerce da comensurabilidade, uma abordagem monista, que traduz a ideia de que tudo se gere através de uma métrica quantitativa – o valor monetário – considerada a única forma de maximizar os benefícios de uma decisão (Layard e Glaister, 1994). Esta redução dos bens a uma medida comum implica, portanto, que diferentes valores possam ser negociados (Espeland e Stevens, 1998), uma vez que diferentes opções passam a ser passíveis de comparação, permitindo também hierarquizar os valores em discussão pelas suas diferentes contribuições para o bem-estar social. Esta abordagem tem vindo a abranger diversas escolhas políticas caracterizadas pela existência de conflitos, resolvidas assim através dessa redução das opções a uma única medida (Radin, 2001; Mather, 2002; Costa e Rodrigues, 2008).

Em oposição ao nexo comensurabilidade-mercadorização da ACB, e em clara demonstração das limitações deste tipo de abordagem como guia para ação em contextos públicos de decisão, tem emergido uma abordagem alternativa, edificada a partir do pressuposto da incomensurabilidade dos valores em jogo em processos complexos (Costa e Rodrigues, 2008). Esta é uma abordagem plural que advoga que os momentos de preparação da decisão são permeados pela pluralidade de valores, pela sua incomensurabilidade e pelo conflito, defendendo, no entanto, que a escolha pública pode ser racional, apesar da existência destas condições (Mather, 2002; Richardson, 2002).

A tónica na incomensurabilidade marca a cisão com a ACB e tenta dar resposta a situações em que a deliberação enfrenta a impossibilidade de sujeitar à mesma métrica valores relevantes num determinado processo de decisão (Sunstein, 1997). A partir destes princípios, esta abordagem alternativa tenta enquadrar a tensão emocional a que os indivíduos estão sujeitos no exercício comparativo entre diferentes opções (Costa e Rodrigues, 2008).

É neste âmbito que se enquadra, por exemplo, a resistência em atribuir um valor ao ambiente e ao território num processo como o do NAL, símbolo de um imaginário coletivo de desenvolvimento e de progresso. Em contextos de onde emergem valores, como os ambientais,[29] estes não encontram tradução monetária no processo de decisão, exatamente porque não têm preço. Neste contexto, a incomensurabilidade não tem de ser necessariamente incompatível com a escolha racional. Tem é de se assumir a fraca comensurabilidade e a baixa comparabilidade dos valores, não procurando encontrar uma escala racionalizada que não existe. Em problemas complexos deve aplicar-se o princípio da incomensurabilidade e considerar que o conflito de valores é, de facto, inevitável. Esse conflito está particularmente presente na decisão sobre o termo comparativo comum a ser utilizado para hierarquizar opções alternativas.

Munda (2008) considera ainda a distinção entre dois tipos de incomensurabilidade: a social e a técnica. A primeira refere-se à existência de uma multiplicidade de valores legítimos num quadro democrático; a segunda provém da natureza multidimensional da complexidade e refere-se às questões de representação de múltiplas identidades em modelos descritivos. Decorre desta perspetiva que a avaliação de opções alternativas deve ser baseada em procedimentos que explicitamente requerem a integração de um conjunto alargado de pontos de vista em conflito, em que a avaliação multicritério se assume ser a mais apropriada (Kiker *et al.*, 2005). Tal traduz uma solução de compromisso social quanto aos conflitos de valores e uma solução de compromisso técnico quanto às

---

[29] Que se traduzem, por exemplo, na conservação de espécies protegidas ou de um aquífero cuja fauna e flora são consideradas património ambiental do país, como aconteceu no processo de decisão em relação a opções a sul do Tejo.

representações não equivalentes e em conflito das opções políticas. O objetivo não é obter uma solução ótima, mas soluções que resultem de compromissos técnicos e sociais que integram o próprio processo de decisão e através dos quais se lida com a incerteza (Munda, 2008).

Para atingir compromissos sociais é, no entanto, necessário enquadrar mecanismos de participação pública em trajetórias de deliberação que lidem com a complexidade, e esses devem colocar-se num patamar que não seja apenas consultivo, de modo a alcançar uma efetiva coconstrução da decisão e esta seja capaz de refletir o consenso alcançado. Estes esquemas de participação em contextos deliberativos devem imprimir uma dinâmica de interação entre os diferentes atores, a qual deve prevalecer desde o início do processo para que possa mobilizar todos os que são relevantes (Munda, 2008). É deste envolvimento que podem emergir fóruns híbridos de diálogo, interação e influência (Callon *et al.*, 2001).

O compromisso da incomensurabilidade pressupõe, pois, a superação de dois grandes desafios que se colocam à tomada de decisão: por um lado, enquadrar tal incomensurabilidade a partir de abordagens multidisciplinares que resultem em compromissos técnicos; por outro, encontrar espaço para momentos de participação capazes de promover compromissos sociais. Tal implica um desfecho da controvérsia através do consenso, ou seja, da decisão que venha a ser entendida como a mais favorável enquanto resultado de um processo participativo (Álvarez *et al.*, 2012).

3.1. *Da interdisciplinaridade à incomensurabilidade técnica*

As análises ambientais que estiveram na base dos momentos mais controversos do NAL procuraram reduzir os impactos a uma medida capaz de permitir a comparabilidade de duas localizações, numa tentativa de otimização da decisão (Tietenberg e Lewis, 2011). Os primeiros estudos, realizados em 1972 pelo consórcio luso-alemão SARC e HNTB, privilegiaram uma análise assente na avaliação das condições operacionais do aeroporto, investindo, para isso, na consideração de fatores físicos, como requisitos do terreno e condições de segurança, incluindo ainda fatores económicos das cinco localizações possíveis consideradas inicialmente. A partir de 1982, com o estudo da TAMS-Profabril, a análise custo--benefício passou a figurar como recurso auxiliar da decisão. Esta análise, embora dando continuidade aos pressupostos dos estudos precedentes, incidiu na avaliação de questões operacionais, de engenharia e na análise da questão ambiental. Os resultados da ACB foram apresentados nos seguintes termos: custo de construção e desenvolvimento; efeitos das condições meteorológicas nas operações a efetuar; custos de transporte terrestres e de novas infraestruturas; custos do movimento aéreo; custos de manutenção; tendo-se considerado também os efeitos no desenvolvimento regional.

Em 1999, no estudo realizado pela Aéroports de Paris (ADP), apresentou-se um plano metodológico estruturado por fases, reduzindo as distintas variáveis a uma métrica capaz de auxiliar a decisão. Procedeu-se do seguinte modo: procura de um sítio capaz de albergar duas pistas independentes, avaliação do impacto sobre o ambiente, síntese destes conhecimentos e hierarquização das localizações possíveis. Mais concretamente, usa o "método ADP", que sintetiza o conhecimento fragmentário e, por definição, múltiplo através de uma valorização numérica de um sítio, proveniente de uma agregação das valorizações obtidas para cada critério utilizado na análise. Assim, cada critério é objeto de uma quantificação e de uma tradução numa nota que varia de 0% a 100% do número de pontos (ADP-PRET, 1999: 17 e ss). Este estudo comparativo entre a Ota e Rio Frio teve os seus resultados tornados públicos numa altura em que os resultados das avaliações de impacto ambiental acima descritas apontariam para a escolha da Ota. A opção baseou-se nos estudos EPIA. As críticas feitas levaram à realização de estudos complementares cujos resultados fossem capazes de fundamentar devidamente a decisão, designadamente estudos geológicos, geomorfológicos e sobre os recursos hídricos subterrâneos.

Num debate parlamentar sobre esta matéria, foram vários os partidos a apontar as lacunas desta avaliação, designadamente: não utilização sistemática das fontes de informação disponíveis; análise demasiado genérica dos descritores, subvalorizando as especificidades e as problemáticas territoriais de cada localização; ausência de uma perspetiva integradora dos diferentes descritores, que revelavam uma fraca organização/sistematização de algumas áreas de estudo, dificultando uma leitura coerente e inequívoca, indispensável para apoiar tecnicamente as fases subsequentes do processo de avaliação, nomeadamente, Análise de Risco, Análise do Risco de Colisão de Aves com Aeronaves, Avaliação das Consequências da Revisão dos Instrumentos de Planeamento, Monitorização da Adesão das Comunidades Locais, Articulação Ruído/Planeamento e Uso do Solo. Ainda assim, a Ota foi, até meados da década seguinte, considerada a localização do NAL.

Por volta de 2007 reabre-se uma nova fase deste processo passando a localização do empreendimento a ter como objeto a comparação entre a Ota e Alcochete. Este é o momento em que a ACB passou claramente a dominar a discussão. Foi através do único estudo não encomendado pelo governo, o da CIP, que se chegou à suspensão da decisão de avançar com o empreendimento na Ota. Foi solicitada uma nova análise ao LNEC, que adotou os valores privilegiados pelo estudo CIP. A questão da ACB e a incomensurabilidade ganham então centralidade. É neste contexto que se avança com a Análise Ambiental Estratégica, um elemento determinante neste processo. Coutinho e Partidário (2008: 4) consideram que a influência deste estudo se ficou a dever à metodologia inovadora, estruturada a partir da aplicação de um Sistema de Informação Geográfica (SIG) baseado em dados disponíveis e que possibilitou a criação de indicadores quantitativos com que se compararam as várias alternativas em avaliação (Bento *et al.*, 2008). A metodologia de avaliação ambiental e energética usada consistiu no cálculo de emissões e consumo de energia previsíveis para as configurações do sistema em estudo. A comparação de resultados entre as duas configurações permitiu aferir a melhor localização do ponto de vista energético e ambiental. A metodologia adotada – a análise diferencial estratégica – assume-se diferente da ACB, mas não dispensa a atribuição de valorizações monetárias às variáveis calculadas, numa tradução da aplicação do princípio elementar da ACB.

O LNEC realizou uma "avaliação estratégica integrada" com uma análise custo-benefício e definiu Fatores Críticos de Decisão (FCD)[30] (LNEC, 2008: 272), dimensões fundamentais selecionadas para observação, reflexão e avaliação das questões consideradas mais relevantes na escolha da localização do NAL. Cada um destes FCD foi estudado de forma multidisciplinar, através de critérios de análise a que são associados indicadores descritivos, quantitativos e qualitativos, para identificar as tendências, as oportunidades e os riscos de cada uma das localizações. Para isso, foi adotada uma métrica genérica, de base comum a todas as equipas envolvidas – elevado, médio, baixo e nulo. Os resultados da avaliação estratégica foram integrados, destacando riscos e oportunidades (vantagens e desvantagens) sintetizados numa matriz/balança por FCD. Todos os FCD integrados tiveram a mesma importância relativa, sob o argumento de que qualquer ponderação diferente teria em consideração critérios de natureza política. Para a ACB, recorreu-se aos indicadores que eram quantificáveis em custos para cada FCD, excluindo-se todos cujo custo estimado e incerteza foi considerada equivalente em ambos os locais (LNEC, 2008).

---

[30] Os FCD considerados foram: 1) Segurança, eficiência e capacidade das operações do tráfego aéreo; 2) Sustentabilidade dos recursos naturais e riscos; 3) Conservação da natureza e biodiversidade; 4) Sistema de transportes terrestres e acessibilidades; 5) Ordenamento do território; 6) Competitividade e desenvolvimento económico e social; 7) Avaliação financeira.

O relatório do LNEC refere que a complexidade e interdisciplinaridade do estudo realizado exigiram uma equipa de natureza interdisciplinar, em permanente interação, com um nível de integração vertical e transversal na análise, nos critérios de avaliação e na coerência dos resultados. No entanto, ao longo do relatório do estudo é percetível que a interdisciplinaridade se centrou na integração final dos resultados das várias equipas a trabalhar sobre cada FCD, nomeadamente na ACB. Também não resulta clara a definição de cada FCD, nem quais os critérios que presidem a esta definição, o mesmo se aplicando à metodologia global aplicada no estudo. Deste modo, não se integram diferentes abordagens e perspetivas, nem se confere transparência a uma avaliação de apoio à tomada de decisão. Conforme refere o Guia de Boas Práticas da AAE (Partidário, 2007), considera-se desejável que os FCD sejam objeto de participação pública, no mínimo com consulta às entidades com responsabilidade ambiental definidas na legislação, o que não aconteceu.

A metodologia resultante permitiu que dentro de cada FCD fossem ainda comparadas as localizações alternativas segundo uma métrica comum, através de uma escala ordinal, permitindo hierarquizar as opções de escolha em estudo. Assumiu-se, portanto, a comparabilidade entre os vários critérios de análise de cada FCD. Os resultados foram depois agregados e da comparação entre a soma das opções mais bem posicionadas por FCD resultou a solução considerada "ótima". O desenho de uma matriz de impactos dentro de cada opção, mesmo sem a exigência de pormenor envolvido num Estudo de Impacte Ambiental, tendo em conta que se trata de uma avaliação de âmbito estratégico, permitiria identificar como cada opção se comporta no conjunto dos critérios de análise. Ficariam também melhor clarificados os *trade-offs* entre impactos dentro de cada opção e entre opções, conferindo transparência ao método e aos resultados, permitindo ainda atingir um compromisso técnico para a agregação e hierarquização, ganhando-se em transparência. Poder-se-ia ainda concretizar o que é essencial numa AAE, conforme refere o Guia (Partidário, 2007), ajudando a refletir sobre oportunidades e riscos futuros e optar por determinadas direções de desenvolvimento.

Além da reduzida transparência da metodologia global utilizada, a opção por não efetuar uma ponderação entre FCD implica assumir uma relação de *trade-offs* de 1:1, ou seja, pressupõe a total substituibilidade entre FCD, apesar de estes serem de natureza muito diferente. Em particular, considera-se a possibilidade de substituição ou compensação total da perda da componente ambiental, inserindo-se, portanto, dentro da perspetiva da sustentabilidade "fraca". Para um estudo que avalia decisões estratégicas e parte de um conjunto de pressupostos, não é justificável a recusa, com o argumento de que é uma decisão política, de atribuir critérios de ponderação, entendidos como coeficientes de importância e não de *trade-offs*. Elimina-se assim a substituição ou compensação total entre FCD (Munda, 2008). Além disso, na análise efetuada é adotado um modelo de aeroporto à luz do conceito da cidade aeroportuária, em concordância com critérios de competitividade e de desenvolvimento económico e social assumidos pelo LNEC. Desenvolveram-se ainda cenários prospetivos que têm em conta o crescimento do tráfego aéreo, a organização das redes no transporte aéreo e diferentes trajetórias da economia portuguesa no longo prazo, sendo do cruzamento destas «incertezas internas e no [*sic*] interface com o exterior» (LNEC, 2008: 43) que se adotam dois cenários contrastados, cada um mais ou menos ajustável às características das localizações em estudo. Estas características foram logo definidas no início, onde se refere claramente as diferenças nas localizações em acolher o modelo de cidade aeroportuária, o que confere à localização em Alcochete adequação ao cenário 1 e 2, sendo a localização na Ota apenas compatível com o cenário 2. É através destes pressupostos que o LNEC lida com as incertezas na informação, procurando, por esta via, atingir uma solução "ótima". No entanto, tratando-se de um assunto complexo, marcado pela incerteza e valores em conflito, seria recomendável, mais do que obter soluções "ótimas", procurar soluções de compromisso técnico e social, através da interdisciplinaridade e do envolvimento dos decisores e da sociedade na definição destes mesmos pressupostos (Munda, 2008).

A consideração da incomensurabilidade a propósito da avaliação do LNEC teria implicado uma efetiva articulação de mecanismos de avaliação multicritério que se revelasse capaz de reconhecer e valorizar a incomensurabilidade de valores, fazendo dialogar as diferentes abordagens disciplinares consideradas na análise. Isso, a ter acontecido neste processo, constituir-se-ia num momento crucial para desenvolver um padrão de imaginação política capaz de pensar coletivamente outros arranjos institucionais com capacidade para reduzir ou até eliminar o nível de conflito entre os diferentes valores presentes no espaço público (Nussbaum, 2000; Costa e Rodrigues, 2008).

3.2. Da participação pública à incomensurabilidade social

Neste ponto trata-se da importância do envolvimento do público em contextos complexos de decisão e da reclamada necessidade de envolvimento alargado dos atores implicados nesses processos, de modo a enquadrar, reconhecer e valorizar a incomensurabilidade de valores aqui mobilizados (Munda, 2008). Isso implica o recurso a mecanismos que se mostrem capazes de dar espaço à expressão da potencial pluralidade de linguagens de avaliação e que reflitam os valores e as perspetivas que cada grupo apresenta face às opções em causa (Costa e Rodrigues, 2008), contribuindo para a democratização das decisões (Jasanoff, 2012).

A decisão de avançar com uma consulta pública sobre a avaliação dos impactos ambientais da Ota e Rio Frio, em 1999, ficou a dever-se à dimensão do NAL e às suas implicações ambientais. Este processo foi aberto por um período de 40 dias úteis e incidiu sobre os EPIA. A Consulta do Público compreendeu ainda duas Audiências Públicas, em Alenquer e em Pinhal Novo, nas quais se registou a participação de cerca de duas centenas de pessoas, e duas sessões de trabalho destinadas aos autarcas da região. No âmbito desta consulta, foram analisados 55 pareceres enviados[31] e um abaixo-assinado, proveniente da localidade do Camarnal, que reuniu 363 assinaturas.

Entre os argumentos mais relevantes da consulta esteve a não consideração da Portela como opção zero e o facto de as opções Ota e Rio Frio não terem sido comparadas entre si, tornando evidente que a decisão entre as duas localizações não resultaria de um processo consensual. Em 2008, foi feita a apresentação pública do Relatório Ambiental que resultou da análise do LNEC e que decorreu por cerca de 30 dias. Neste âmbito, foram recebidos 56 contributos, 28 pareceres e 28 participações na consulta pública, com destaque para a administração local e particulares.

Foi possível perceber a segregação entre as componentes ditas de natureza técnica, os procedimentos de deliberação política e a participação pública com as suas várias perspetivas e eventuais conflitos de valores. Compromete-se, desta maneira, o que Munda (2008) designa por compromisso social, necessário à garantia da qualidade do processo de decisão, o qual poderia ser obtido através de *extended peer communities* (Funtowicz e Ravetz, 1993) que juntam cientistas, decisores e a sociedade para responder a conflitos de valores e "dilemas morais" (Kiker *et al.*, 2005). Na prática, a segregação a que nos referimos confere à equipa técnica, neste caso do LNEC, a capacidade de assumir pressupostos e planear cenários que vão condicionar os resultados e influenciar a tomada de decisão, apesar de estes se apresentarem repletos de incerteza, juízos

---

[31] Enviados por Associações de Defesa do Ambiente, Associações Locais, Autarquias, Particulares, Empresas, Instituições da Administração Central, Regional ou Local, Associações Profissionais, Empresas e Universidades.

de valor e de capacidade residual na redução da complexidade do esforço deliberativo. Refira-se, a título de exemplo, a definição dos FCD, momento fundamental de informação do processo de planeamento e programação, que deveria ter assegurado o envolvimento de todos os agentes relevantes e o nível de pormenorização a realizar pela AAE através dos respetivos critérios de análise (Partidário, 2007). Neste contexto, a consulta realizada não foi estruturada de modo a poder captar contributos de forma explícita e orientada para os valores defendidos, além de não ter permitido que as perceções e as escolhas do público influenciassem as decisões de maneira efetiva.

Conclusão
Uma grande infraestrutura pública como um aeroporto constitui um investimento avultado e tem fortes impactos, designadamente na organização territorial do país. Exige-se, pois, que as decisões que rodeiam o seu lançamento sejam de grande qualidade e que a robustez técnica, social e, sobretudo, política esteja assegurada. A longa discussão em torno da localização do Novo Aeroporto de Lisboa tornou-o num caso particularmente relevante pelas insuficiências que revelou. É notório que o processo de decisão não levou em devida conta questões relevantes, estreitando sempre os caminhos que percorreu. Confiou em lógicas de comensurabilidade que ignoraram a conflitualidade de valores, não lhe procurando dar resposta.

As várias localizações consideradas e os vários estudos realizados para a análise da opção a tomar não resultaram de um progresso na lógica da decisão mas, sim, de alterações de vária natureza, que refletiam a mudança de condições das próprias sociedades ou alterações compreensíveis de âmbito técnico e em matéria de operação aeroportuária. Mas nunca tomaram verdadeiramente em conta o país. Como se um aeroporto fosse um porta-aviões. Houve, claro, mudança de estratégias políticas e mudanças no imaginário sociotécnico elaborado em torno do projeto. É certo que foram surgindo novas visões acerca do desenvolvimento do país e a dimensão ambiental ganhou relevância, designadamente em articulação com a integração europeia. Os valores mudaram, mas isso foi escassamente incorporado na formulação do projeto.

Uma análise das controvérsias permite concluir que a emergência de diferentes opções não resulta simplesmente da aritmética do processo de análise técnica, frequentemente contraditório. Se o projeto era já complexo desde o seu início, com grandes elementos de incerteza, a maior centralidade das dimensões ambiental e territorial veio evidenciar a importância da identificação de uma forma pluralista de tudo o que estava em causa. Existem, é claro, pressupostos técnicos que os estudos devem assumir. Mas estes não podem substituir um quadro mais alargado de debate, amplamente simbolizado na construção do imaginário sociotécnico, que implica a definição de critérios de natureza política e cidadã.

Se esta tensão foi evidente ao longo de todo o processo, foi-o particularmente no momento, que se supôs final, de opção entre a localização na Ota e em Alcochete, através da efetiva delegação da decisão numa metodologia de análise custo-benefício, assente especificamente na perfeita comensurabilidade entre valores. A análise apresentada torna claro que a incomensurabilidade, quer técnica, quer social, domina este processo, mas isso não é reconhecido pela ACB. Os mecanismos que possam existir para uma incorporação, mesmo que parcial, dos confrontos de valores são recusados em nome de um modelo de racionalidade supostamente neutro. A interdisciplinaridade é quando muito invocada *a posteriori* e a ponderação de valores é inexistente. A abordagem adotada corresponde, pois, a um modelo monista cuja crítica sugere a opção por metodologias pluralistas, em que a incomensurabilidade entre valores é assumida *a priori*. Num contexto deste tipo, o processo político de decisão poderia ainda ser influenciado pela participação cidadã, de caráter mais ou menos deliberativo. No entanto, as fases de consulta pública, impostas no âmbito da legislação ambiental de origem comunitária, mantêm um caráter consultivo de limitado impacto no processo de decisão, característico de uma epistemologia cívica pouco transparente e participativa.

A análise da controvérsia em torno da localização do Novo Aeroporto de Lisboa mostra pois a redução da deliberação a pequenas comunidades técnicas e a uma racionalidade política em que a delegação técnica tomou um lugar central, com um papel escasso dos cidadãos e mesmo das estratégias globais que foram sendo desenvolvidas noutros planos. Basta relembrar, a finalizar, que o PNPOT (Programa Nacional da Política de Ordenamento do Território), em que o exercício de construção de um imaginário coletivo acerca da organização do país terá sido levado mais longe, foi ignorado ou mesmo contrariado.

Referências bibliográficas

ADP-PRET – Aéroports de Paris e Profabril Engenharia de Transportes (1999), *Novo Aeroporto Internacional. Relatório para a preparação de uma proposta de escolha do local*. Lisboa: NAER.

Álvarez, Manuel; Moreno, Ana; Mataix, Carlos (2012), "The analytic hierarchy process to support decision-making processes in infrastructure projects with social impact", *Total Quality Management*, 24(5-6), 1-11. Doi: http://dx.doi.org/10.1080/14783363.2012.669561

ANA – Aeroportos e Navegação Aérea (1994), *Novo Aeroporto de Lisboa – NAL. Estudos de Localização*. Lisboa: Direção de Estudos Aeroportuários. Versão eletrónica disponível em http://www.civil.ist.utl.pt/~mlopes/conteudos/Ota/OTA+Portela=Incompativeis.pdf

Arrow, Kenneth J.; Cropper, Maureen L.; Eads, George C.; Hahn, Robert W.; Lave, Lester B.; Noll, Roger G.; Portney, Paul R.; Russell, Milton; Schmalensee, Richard; Smith, V. Kerry; Stavins, Robert N. (1996), "Is there a role for Benefit-Cost Analysis in Environmental, Health, and Safety

Regulation?" *Science*, 272(5259), 221-222. Doi: http://dx.doi.org/10.1126/science.272.5259.221

Beck, Ulrich (1992), *Risk Society: Towards a new modernity*. Londres: Sage.

Bento, Sérgio; Pinho, Raquel; Coutinho, Miguel; Borrego, Carlos (2008), "SIG na avaliação de alternativas para a localização do Novo Aeroporto de Lisboa", *Actas do X Encontro de Utilizadores de Informação Geográfica*. Oeiras: Associação de Utilizadores de Informação Geográfica, 547-557.

Bruzelius, Nils; Flyvberg, Burt; Rothengatter, Werner (2002), "Big decisions, big risks. Improving accountability in mega projects", *Transport Policy*, 9(2), 143-154. Doi: http://dx.doi.org/10.1016/S0967-070X(02)00014-8

Callon, Michel; Lascoumes, Pierre; Barthe, Yannik (2001), *Agir dans un monde incertain. Essai sur la démocratie technique*. Paris: Seuil.

Costa, Ana C.; Rodrigues, João (2008), "O nexo comensurabilidade mercadorização e as limitações da análise custo-benefício como guia para a ação dos poderes públicos", *Revista Crítica de Ciências Sociais*, 83, 141-163. Doi: http://dx.doi.org/10.4000/rccs.581

Coutinho, Miguel; Partidário, Maria do Rosário (2008), "História de um processo de decisão: o novo aeroporto de Lisboa", comunicação apresentada na *CNAI'08/3.ª Conferência Nacional de Impactes*. Beja, 22-24 de outubro.

Desrosières, Alain (2008), *Pour une sociologie historique de la quantification. L'Argument statistique I*. Paris: Presses de l'École des Mines.

Espeland, Wendy Nelson; Stevens, Mitchell L. (1998), "Commensuration as a Social Process", *Annual Review of Sociology*, 24, 313-343. Doi: http://dx.doi.org/10.1146/annurev.soc.24.1.313

Fairclough, Norman (2010), *Critical discourses analysis: The critical study of language*. Londres: Pearson.

Frick, Karen T. (2008), "The Cost of Technological Sublime: Daring ingenuity and the new San Francisco-Oakland and Bay bridge", *in* Hugo Priemus, Bent Flyvbjerg e Bert van Wee (eds.), *Decision-Making on Mega-Projects. Cost Benefit Analysis, Planning and Innovation*. Cheltenham/Northhampton: Edward Elgar, 239-262.

Funtowicz, Silvio; Ravetz, Jerome (1991), "A new scientific methodology for global environmental issues", *in* Robert Costanza (ed.), *Ecological Economics:*

The Science and Management of Sustainability. Nova Iorque: Columbia University Press, 137-152.

Funtowicz, Silvio; Ravetz, Jerome (1993), "Science for the Post-normal age", *Futures*, 25(7), 739-775. Doi: https://doi.org/10.1016/0016-3287(93)90022-L

Furlong, Kathryn (2010), "Small technologies, big change: Rethinking infrastructure through STS and geography", *Progress in Human Geography*, 35(4), 460-482. Doi: http://dx.doi.org/10.1177/0309132510380488

Gaspar, Jorge (1999), *A Localização do Novo Aeroporto Internacional no Contexto do Desenvolvimento do Território*. Coimbra: Comissão de Coordenação da Região Centro.

Giere, Ronald N. (1987), "Controversies involving science and technology: a theoretical perspective", *in* T. H. Engelhardt e A. Caplan (orgs.), *Scientific controversies*. Londres: Cambridge University Press, 121-150.

Gonçalves, Maria Eduarda (2002), "Implementation of EIA directives in Portugal: How changes in civic culture are challenging political and administrative practice", *Environmental Impact Assessment Review*, 22(3), 249-269. Doi: http://dx.doi.org/10.1016/S0195-9255(02)00005-7

Gonçalves, Maria Eduarda (coord.); Delicado, Ana; Bastos, Cristiana; Raposo, Hélder; Domingues, Mafalda (2007), *Os portugueses e os novos riscos*. Lisboa: Imprensa de Ciências Sociais.

Henriques, Mendo Castro (coord.) (2007), *O Erro da Ota e o Futuro de Portugal*. Lisboa: Tribuna Histórica.

IDAD – Instituto do Ambiente e Desenvolvimento (2007), *Localizações alternativas para o Novo Aeroporto de Lisboa*. EEP 04.07-07/17. Aveiro: Instituto do Ambiente e Desenvolvimento. Versão eletrónica disponível em http://static.publico.pt/docs/economia/EstudoCIP.pdf

Jasanoff, Sheila (1990), *The fifth branch: Science advisers as policymakers*. Cambridge, MA: Harvard University Press.

Jasanoff, Sheila (2007), *Designs of Nature: Science and Democracy in Europe and the United States*. Princeton: Princeton University Press.

Jasanoff, Sheila (2012), *Science and Public Reason*. Oxon: Routledge.

Jasanoff, Sheila; Kim, Sang-Hyun (2009), "Containing the Atom: Sociotechnical Imaginaries and Nuclear Power in the United States and South Korea", *Minerva*, 47, 119-146. Doi: http://dx.doi.org/10.1007/s11024-009-9124-4

Jasanoff, Sheila; Kim, Sang-Hyun (2013), "Sociotechnical Imaginaries and National Energy Policies", *Science as Culture*, 22(2), 189-196. Doi: http://dx.doi.org/10.1080/09505431.2013.786990

Jessop, Bob (2010), "Cultural Political Economy and Critical Political Studies", *Critical Political Studies*, 3(3-4), 336-356. Doi: http://dx.doi.org/10.1080/19460171003619741

Kiker, Gregory A.; Bridges, Todd S.; Varghese, Arun, Seager, Thomas P.; Linkov, Igor (2005), "Application of Multicriteria Decision Analysis in Environmental Decision Making", *Integrated Environmental Assessment and Management*, 1(2), 95-108. Doi: dx.doi.org/10.1897/IEAM_2004a-015.1

Konopásek, Zdenek; Stockelova, Tereza; Zamykalová, Lenka (2008), "Making Pure Science and Pure Politics", *Science, Technology & Human Values*, 33(4), 529-553. Doi: http://dx.doi.org/10.1177/0162243907306699

Latour, Bruno (2003), *We Have Never Been Modern*. Harvard/Massachusetts: Harvard University Press.

Latour, Bruno (2004), *Politics of Nature. How to bring sciences into democracy*. Harvard: Harvard University Press.

Layard, Richard; Glaister, Stephen (1994), "Introduction", *in* R. Layard; S. Glaister (orgs.), *Cost-Benefit Analysis*. Cambridge: Cambridge University Press, 1-58.

Levidow, Les; Papaioannou, Theo (2013), "State imaginaries of the public good: Shaping UK innovation priorities for bioenergy", *Environmental Science & Policy*, 30, 36-49. Doi: http://dx.doi.org/10.1016/j.envsci.2012.10.008

LNEC – Laboratório Nacional de Engenharia Civil (2008), *Estudo para análise técnica comparada das alternativas de localização do novo aeroporto de Lisboa na zona da Ota e na zona do Campo de Tiro de Alcochete. 2.ª Fase – Avaliação comparada das duas localizações. Relatório 2/2008 – DT*. Lisboa:

I&D Transportes. Disponível em http://jpn.up.pt/pdf/lnec_aeroporto_ estudo_10Jan07.pdf.

Lockhart, Charles (2001), "Controversy in Environmental Policy: Conflicting Policy Means or Rival Ends?" *Science, Technology & Human Values*, 26(3), 259-277. Doi: dx.doi.org/10.1177/016224390102600301

Mather, Henry S. (2002), "Law and incommensurability", *McGill Law Journal*, 47, 345-388. Versão eletrónica disponível em http://www.lawjournal. mcgill.ca/userfiles/other/7270104-47.2.Mather.pdf

Mazur, Allan (1973), "Dispute between experts", *Minerva*, XI(2), 245-249.

Mazur, Allan (1981), *The dynamics of technical controversy*. Washington: Communication Press.

McMullin, Ernan (1987), "Scientific controversy and its termination", *in* Tristam H. Engelhardt e Arthur Caplan (orgs.), *Scientific controversies*. Londres: Cambridge University Press, 49-91.

Ministério das Comunicações (1972), *Estudo de Localização do Novo Aeroporto de Lisboa*. Lisboa: Gabinete do Novo Aeroporto de Lisboa.

Munda, Giuseppe (2008), *Social Multi-Criteria Evaluation for a Sustainable Economy*. Berlim: Springer.

Nelkin, Dorothy (1971), "Scientists in an environmental controversy", *Social Studies of Science*, 1(3-4), 245-261. Doi: http://dx.doi.org/10.1177/030631277100100301

Nelkin, Dorothy (1975), "The political impact of technical Expertise", *Social Studies of Science*, 5(1), 35-54. Doi: http://dx.doi.org/10.1177/030631277500500103

Nelkin, Dorothy (1984), *Controversy: Politics of technical decisions*. Londres: Sage Publications.

Nussbaum, Martha (2000), "The cost of tragedy: Some moral limits of cost benefit analysis", *Journal of Legal Studies*, 29(S2), 1005-1036. Doi: http://dx.doi.org/10.1086/468103

O'Neill, John (2007), *Markets, Deliberation and Environment*. Londres: Routledge.

Partidário, Maria Rosário (2007), *Guia de Boas Práticas para Avaliação Ambiental Estratégica – orientações metodológicas*. Amadora: Agência Portuguesa do Ambiente.

Radin, Margaret (2001), *Contested Commodities*. Cambridge: Cambridge University Press.

Richardson, Henry (2002), *Democratic Autonomy: Public Reasoning about the Ends of Policy*. Oxford: Oxford University Press.

Sen, Amartya (2000), "The Discipline of Cost-Benefit Analysis", *Journal of Legal Studies*, 29(S2), 931-952. Doi: http://dx.doi.org/10.1086/468100

Sunstein, Cass R. (1994), "Incommensurability and valuation in law", *Michigan Law Review*, 92(4), 779-861. Versão eletrónica disponível em http://www.jstor.org/stable/1289693

Sunstein, Cass R. (1997), "Incommensurability and Valuation in Law", *Free Markets and Social Justice*. Oxford: Oxford University Press, 70-107.

Szyliowicz, Joseph S.; Goetz, Andrew R. (1995), "Getting realistic about megaproject planning: The case of the new Denver International Airport", *Policy Sciences*, 28(4), 347-367. Doi: http://dx.doi.org/10.1007/BF01000249

Tietenberg, Tom; Lewis, Lynne (2011), *Environmental and Natural Resources Economics*. New Jersey: Prentice Hall.

Velho, Lea; Velho, Paulo (2002), "A controvérsia sobre o uso de alimentação 'alternativa' no combate à subnutrição no Brasil", *História, Ciências, Saúde – Manguinhos*, 9(1), 125-157. Doi: http://dx.doi.org/10.1590/S0104-59702002000100007

Wynne, Brian; Felt, Ulrike (2007), *Taking European Knowledge Society Seriously*. Report of the Expert Group on Science and Governance to the Science Economy and Society Directorate. Bruxelas: Directorate General for Research, Science, Economy and Society, European Commission. Versão eletrónica disponível em http://www.bmbf.de/pub/EuropeanKnowledge(6).pdf

NOTAS CONCLUSIVAS
A INCOMENSURABILIDADE COMO OPORTUNIDADE

LAURA CENTEMERI E JOSÉ CASTRO CALDAS

O predomínio, na política atual, em Portugal e na Europa, de uma conceção "individualista" da tomada de decisão pública aparece de maneira clara nos estudos de caso incluídos neste livro. Esta conceção "individualista" da política assume as preferências individuais, ou os fins da ação política, como "dados" fechados ao escrutínio e à deliberação, concentrando-se exclusivamente na determinação dos meios que melhor servem esses fins "fixos".

Crucial nesta conceção de tomada de decisão pública é o pressuposto de que todos os custos e todos os benefícios podem ser comensurados de forma não problemática.

Nesta perspetiva, as resistências à comensuração e aos *trade-offs* estariam relacionadas com "convicções", crenças, valorações subjetivas ou estados emocionais que obstaculizam a racionalidade.

Os estudos de caso que os autores discutem nos capítulos precedentes enfatizam, em alternativa, a realidade de formas plurais de valoração que conduzem a representações plurais e conflituais do que conta como "interesse geral". O que emerge nestes casos é que, nos protestos contra megaprojetos, o que é contestado é, na realidade, o pressuposto de que estes megaprojetos contribuem para o "bem comum" da comunidade política.

A ligação entre estes megaprojetos e algo que possa ser considerado um "interesse geral" é posto sob escrutínio, a partir da mobilização de linguagens de valorização do ambiente que são plurais e incomensuráveis. Este é claramente o caso nas mobilizações mais recentes contra a expansão do aeroporto de Malpensa e nos protestos contra a construção da barragem de Foz Tua. A ligação com o interesse geral é, nestes casos, sujeita a "testes de realidade" (Boltanski e Thévenot, 1991), principalmente através da recolha e elaboração de dados e do desenvolvimento de um conhecimento e discurso especializado que pretende desafiar a "base informacional" (Salais, 2008) sobre a qual os projetos são justificados.

O processo controverso de quantificar "custos sociais", benefícios e impactos torna-se um polo de debate crucial. A perícia e a crítica das "convenções de quantificação" (Desrosières, 2008; Centemeri, 2011) aparecem como decisivas nestas dinâmicas, obrigando muitas vezes os cidadãos a familiarizarem-se com uma linguagem técnica especializada de modo a poderem participar no processo de deliberação. A oposição a megaprojetos assume a forma de uma "controvérsia sociotécnica" (Callon *et al.*, 2001), isto é, a confrontação entre diferentes atores e formas de conhecimento técnico e especializado.

Além da controvérsia sociotécnica em torno do modo como são definidos e quantificados custos, benefícios e impactos, a oposição a megaprojetos é apoiada também por preocupações locais com a "qualidade de vida" e argumentos baseados em apegos pessoais aos locais afetados, ambos considerados relevantes para definir a trajetória de desenvolvimento territorial local desejável. Estes "modos de avaliação ambiental" específicos, relacionados com uma implicação no envolvimento "de familiaridade" com o ambiente (Thévenot, 2007) ou uma experiencia de "habitar",[1] podem ajudar a compreender a emergência de argumentos de "incomensurabilidade constitutiva" ou radical que implicam a recusa de compensações como uma forma apropriada de lidar com os impactos ambientais da infraestrutura.

Na oposição a megaprojetos, podem-se, portanto, detetar dois movimentos críticos distintos. Um movimento crítico foca-se no

---

[1] Habitar é aqui entendido no sentido de "*dwelling*" (Ingold, 2000).

conhecimento e nos instrumentos concebidos para testar "as justificações públicas para o bem comum" (Boltanski e Thévenot, 1991) do megaprojeto: o seu objetivo é tornar visíveis custos e impactos subestimados ou ignorados e oferecer alternativas viáveis para os quantificar e definir. Esta crítica pretende desenvolver uma representação mais inclusiva e completa dos custos, benefícios e impactos das infraestruturas. O segundo movimento crítico está mais focado na crítica do megaprojeto como uma corporização de um "paradigma" específico de desenvolvimento socioeconómico que nega a importância dos apegos locais e de outros "bens locais de proximidade" (Doidy, 2003).

No primeiro caso, a ênfase é atribuída à necessidade de produção de informação ou de uma base de conhecimento mais precisa para planear a infraestrutura, tendo em conta todas as suas "externalidades" ou os seus transbordos (*overflows*) (Callon, 1998). O trabalho de quantificar e medir externalidades (ou de "enquadrar transbordos") para objetificar todos os custos, benefícios e impactos é aqui central: as controvérsias técnicas sobre o que quantificar e a boa forma de quantificar são a forma de expressar oposição. Este tipo de crítica pode trazer, como resultado, um redesenho do projeto original. Aspectos técnicos do projeto são discutidos de modo a ter em conta preocupações previamente excluídas.

No segundo caso, assiste-se ao confronto de dois "paradigmas" de desenvolvimento (Kuhn, 1970). Embora o conflito entre paradigmas de desenvolvimento não esteja desligado das controvérsias sobre a definição correta e a quantificação das externalidades da infraestrutura, a própria decisão de investir no megaprojeto é, neste caso, desafiada na sua aceitabilidade. Por isso mesmo, neste segundo caso, a crítica é frequentemente rotulada como "radical", dado que advoga uma necessidade de recusar o megaprojeto. O conflito aqui é "substancial", não apenas "epistémico" ou "processual" (Dziedzicki, 2003).

Sumariando, nos conflitos contra megaprojetos analisados neste livro, podemos destacar duas diferentes dinâmicas críticas que separamos para propósitos analíticos. Uma, relaciona-se com o aumento da qualidade da base de conhecimento sobre a qual o projeto é desenhado, tendente à identificação de melhores soluções técnicas em termos de redução das externalidades negativas e visibilização de custos sociais (*à la* Kapp). O conhecimento especializado é, neste caso, central na participação. A outra forma de crítica desafia diretamente a primazia reivindicada do megaprojeto como fonte de desenvolvimento socioeconómico e de benefícios para uma comunidade política alargada, aos níveis local e supralocal. Neste segundo caso, os dados são importantes para argumentar contra a infraestrutura, mas não são decisivos, dado que o projeto é considerado um problema *per se*, sendo desta forma afirmada uma necessidade de não fazer o projeto.

A mesma sobreposição de argumentos pode ser encontrada se se observar a frente que apoia os megaprojetos. Os esforços para mostrar os benefícios de tais escolhas técnicas e a sua razoabilidade sobretudo em termos de eficiência económica são apoiados por um discurso no qual os megaprojetos são considerados, por definição, como uma garantia de desenvolvimento económico, sendo desta forma afirmada uma necessidade de realizar os projetos.

Somos então confrontados com uma arena deliberativa na qual se podem detetar argumentações baseadas em justificações e "testes objetivos de realidade", mas também "narrativas" conflituantes (O'Neill *et al.*, 2008) e "imaginários sociotécnicos" (Jasanoff e Kim, 2009), que tornam certas visões do desenvolvimento futuro mais salientes do que outras, sem que, necessariamente, se recorra a uma comensuração dos custos e dos benefícios.

No entanto, os espaços de deliberação aparecem como espaços que têm que ser "híbridos" (Callon *et al.*, 2001), no sentido que eles têm que tornar possível a expressão de uma variedade de linguagens e práticas de valoração, de conhecimentos e de preocupações.

Estes espaços "híbridos" não devem contudo ser concebidos como (e designados de) "neutrais". Há narrativas e imaginários que se podem definir como hegemónicos que podem contar com o apoio de aparatos sociotécnicos poderosos. Há também modos de valoração do ambiente baseados numa experiência de "vivência" dos lugares – modos de valoração que se podem chamar "situados" (no sentido do termo inglês *emplaced*): as suas dificuldades de expressão pública deviam ser abertamente tomadas em conta e deviam ser criadas condições para ultrapassar o privilégio estrutural atribuído a linguagens de valoração hegemónicas (crematística e técnico-industrial). Isto significa que os espaços de deliberação deviam ser tidos como situações de coordenação em que os valores são construídos, não simplesmente reportados, a partir de modos plurais de entender e exprimir o que conta como valor.[2]

A abordagem pragmática à valoração que se discutiu no Capítulo 1, ao ligar modos/linguagens de valoração a modos de implicação com o ambiente, convida a ser cuidadoso quanto a conceitos como o de *stakeholder*. *Stakeholder* não é uma definição neutral de um agente avaliador. O termo *stakeholder* aponta para um modo específico de valoração, o modo baseado no interesse e na utilidade (o que designamos por ação "normal"). Quando falamos na necessidade de envolver todos os *stakeholders* no processo de tomada de decisão, não estamos realmente confrontados com um verdadeiro espaço de deliberação. Nesta definição de espaço de tomada de decisão pública, há um privilégio implícito atribuído a um certo tipo de linguagem de valoração: a do interesse e da utilidade. Esta é a linguagem da possibilidade generalizada de negociação mediante trocas. A negociação e a agregação de preferências é o modo de chegar a acordo acerca do que fazer. Mas a negociação e a agregação de preferências não é o que definimos como deliberação.

---

[2] Para uma reflexão próxima da nossa sobre o lugar das emoções na participação pública, ver Harvey (2009).

Falar de atores implicados (ou afetados) em vez de *stakeholders* parece ser mais correto, uma vez que desta forma é reconhecido um lugar para a pluralidade de possíveis definições do que representa "implicação" ou do que afeta os agentes.

O espaço de deliberação torna-se então um espaço em que devem ter lugar traduções de linguagens de valoração, não simplesmente negociação ou agregação. O objetivo, contudo, não é definir uma linguagem dominante e "pacificante", mas criar um espaço em que seja possível exprimir um pluralismo (também de forma conflitual) e conseguir de algum modo o reconhecimento deste pluralismo (Honneth, 1995). Se o sacrifício de uma dimensão valiosa for por fim considerado necessário (uma situação trágica, nos termos de Martha Nussbaum), reconhecer o sacrifício é o modo de reconhecer como legítimo o valor sacrificado.

Neste sentido, a deliberação não deveria almejar à supressão da incomensurabilidade. De facto, a incomensurabilidade é um recurso crucial das comunidades de investigação e escolha (D'Agostino, 2000). A deliberação devia partir do reconhecimento do conflito de valores e ter por objetivo uma "composição" que assegure a compatibilidade e propicie a ação coletiva.

A composição significa que os atores concordam, através do processo deliberativo e das sucessivas redefinições da situação de tomada de decisão, com uma certa ordem da situação, mas que retêm diferentes perspetivas de avaliação, de modo a preservar um potencial retorno da incomensurabilidade (e do conflito) mesmo quando é realizada uma aparente comensuração.

Neste caso, todos os critérios e dimensões de valoração se mantêm disponíveis a ser "conversados". Esta situação é diferente de uma outra em que valores partilhados importantes – que são contudo fonte do estado inicial de divisão – são derrubados, simplificados ou substituídos em nome do "progresso". Nesse caso, a comensuração seria realizada à custa da supressão do potencial de incomensurabilidade e, desta forma, seria destruído o ímpeto de potenciais futuros desacordos e a contribuição que eles dão ao progressivo desenvolvimento de alternativas (D'Agostino, 2000: 439).

A incomensurabilidade na decisão pública é inevitável. A boa notícia é que daqui não decorre nenhum mal. A incomensurabilidade é uma fonte e uma oportunidade de busca coletiva. A incomensurabilidade pode desempenhar um papel positivo se os esforços forem dedicados à procura de formas que permitam aos agentes envolvidos ou afetados compreender as linguagens de valoração uns dos outros. O que se devia procurar na deliberação não é a comensuração estrita (ou a tradução de todas as linguagens de valoração num idioma comum), mas um domínio – inevitavelmente limitado na extensão da sua validade temporal e espacial – em que o acordo é possível não obstante o reconhecimento de uma diversidade irredutível.

Neste sentido, é preciso ter em conta não só a importância de regras de deliberação, mas também de "estilos" (Eliasoph e Lichterman, 2003) e "atmosferas" (Thibaud, 2011) das práticas de deliberação, de modo a criar condições que possam promover a visibilidade e a comunicação dos diferentes modos de valorização do ambiente, em particular daqueles que estão na origem do que chamamos neste livro a incomensurabilidade radical.

Uma abordagem à decisão como deliberação, e à deliberação como identificação coletiva de fins-em-vista, implica que, para tornar a ação pública possível, o processo de decisão deva alcançar um acordo. Contudo, os fins-em-vista devem manter-se abertos à possibilidade de futuras revisões, o que significa que a ação decorrente da decisão deveria limitar o mais possível consequências irreversíveis.

De facto, se se tomar em conta a impossibilidade de eliminar a incomensurabilidade, ao mesmo tempo que se admite a possibilidade de estabilização de espaços de acordo para a decisão, pode compreender-se melhor o lugar que pode ser ocupado por instrumentos e "tecnologias" de decisão que têm como objetivo libertar o processo de decisão do exercício aberto do julgamento através de algum tipo de procedimento algorítmico.

A partir do momento em que a legitimidade é entendida como justificabilidade assumida num espaço comum de linguagens de valoração plurais, instrumentos como a análise custo-benefício ou a análise multicritério não constituem por si só uma garantia de legitimidade. Estes instrumentos podem equipar o espaço de deliberação: podem oferecer visões de futuros possíveis. Podem ajudar a tornar visíveis as restrições. Mas não podem por si só determinar o que fazer.

Se se tomar em consideração a incomensurabilidade como uma dimensão inevitável e indispensável do processo de decisão pública, então a "humildade" passa a ser uma condição necessária de qualquer tipo de tecnologia de decisão pública (Jasanoff, 2003). De facto, a incomensurabilidade implica a inevitabilidade de um certo grau de incerteza moral e de indeterminação na decisão pública. A humildade é necessária para lidar de forma apropriada com este tipo de incerteza. Tecnologias de humildade são necessárias «para tornar visível a possibilidade de consequências imprevistas; para tornar explícito o conteúdo normativo escondido no interior do conteúdo técnico; e para reconhecer à partida a necessidade de pontos de vista plurais e de aprendizagem coletiva» (Jasanoff, 2003: 240).

A decisão pública deveria, no entanto, ser orientada por instrumentos que permitam a exploração, a definição e redefinição do enquadramento do problema (o que designamos por definição e revisão dos fins-em-vista); instrumentos que tomem em conta as condições que garantam às pessoas a possibilidade de exercerem as suas capacidades de valorizações plurais; instrumentos que se preocupem com os efeitos distributivos das decisões; instrumentos mediante os quais as sociedades possam refletir coletivamente na ambiguidade das suas experiências e avaliar as forças e as fraquezas de explicações alternativas. A aprendizagem sobre o que tem valor, neste modesto sentido, é um objetivo adequado da deliberação.

Esta abordagem implica a exploração de novos caminhos na conceção de instrumentos que ajudem a tomada de decisão, um caminho contracorrente das tendências atuais, que põem a quantificação da performance da ação pública e a sua eficiência económica como valores incontestáveis pela sua avaliação. As contribuições reunidas neste livro mostram como é perigoso para a qualidade democrática da vida pública evitar lidar com a existência de uma pluralidade de modos de valoração do ambiente. Mostram também que esta qualidade democrática está relacionada com a qualidade ambiental e social da vida nos territórios que habitamos, e que depende ela própria do reconhecimento da capacidade de apreciar, valorar e fruir de modo plural o nosso mundo comum.

Referências bibliográficas

Boltanski, Luc; Thévenot, Laurent (1991), *De la justification*. Paris: Gallimard.

Callon, Michel (1998), "An Essay on Framing and Overflowing: Economic Externalities Revisited by Sociology", in Michel Callon (ed.), *The Laws of the Markets*. Oxford: Blackwell, 244-269.

Callon Michel; Lascoumes, Pierre; Barthe, Yannick (2001), *Agir dans un monde incertain. Essai sur la démocratie technique*. Paris: Seuil.

Centemeri Laura (2011), "The Contribution of the Sociology of Quantification to a Discussion of Objectivity in Economics", in José Maria Castro Caldas e Vítor Neves (eds.), *Facts and Values in Economics*. Londres: Routledge, 110-125.

D'Agostino, Fred (2000), "Incommensurability and Commensuration: Lessons from (and to) Ethico-Political Theory", *Studies in History and Philosophy of Science*, 31(3), 429-447. Doi: http://dx.doi.org/10.1016/S0039-3681(00)00013-3

Desrosières, Alain (2008), *Pour une sociologie historique de la quantification. L'Argument statistique I*. Paris: Presses de l'Ecole des Mines.

Doidy, Eric (2003), "La voix des usagers dans les concertations environnementales", *Sociologies pratiques*, 7, 49-64.

Dziedzicki, Jean-Marc (2003), "La gestion des conflits d'aménagement entre participation du public et médiation", *Annuaire des collectivités locales*, 23(1), 635-646. Doi: http://dx.doi.org/10.3406/coloc.2003.1662

Eliasoph, Nina; Lichterman, Paul (2003), "Culture in Interaction", *American Journal of Sociology*, 108(4), 735-794. Disponível em http://dornsife.usc.edu/assets/sites/543/docs/culture_in_interaction.pdf

Harvey, Matthew (2009), "Drama, Talk, and Emotion. Omitted Aspects of Public Participation", *Science, Technology, & Human Values*, 34(2), 139-161. Doi: http://dx.doi.org/10.1177/0162243907309632

Honneth, Axel (1995), *The Struggle for Recognition: The Moral Grammar of Social Conflicts*. Cambridge: Polity Press.

Ingold, Tim (2000), *The perception of the environment: Essays on livelihood, dwelling and skill*. Londres: Routledge.

Jasanoff, Sheila (2003), "Technologies of Humility: Citizen Participation in Governing Science", *Minerva*, 41(3), 223-244. Doi: http://dx.doi.org/10.1023/A:1025557512320

Jasanoff, Sheila; Kim, Sang-Hyun (2009), "Containing the Atom: Sociotechnical Imaginaries and Nuclear Power in the United States and South Korea", *Minerva*, 47(2), 119-146. Doi: http://dx.doi.org/10.1007/s11024-009-9124-4

Kuhn, Thomas (1970), *The Structure of Scientific Revolutions*. Chicago: University of Chicago Press.

O'Neill, John; Holland, Alan; Light, Andrew (2008), *Environmental Values*. Londres: Routledge.

Salais, Robert (2008), "Capacités, base informationnelle et démocratie délibérative. Le (contre)exemple de l'action publique européenne", in Jean De Munck e Bénédicte Zimmermann (eds.), *La liberté au prisme des capacités. Amartya Sen au-delà du libéralisme*. Paris: Éditions EHESS, 297--326.

Thévenot, Laurent (2007), "The Plurality of Cognitive Formats and Engagements: Moving between the Familiar and the Public", *European Journal of Social Theory*, 10(3), 409-423. Doi: http://dx.doi.org/10.1177/ 1368431007080703

Thibaud, Jean-Paul (2011), "The sensory fabric of urban ambiances", *The senses & societies*, 6(2), 203-215. Doi: http://dx.doi.org/10.2752/1745893 11X12961584845846

OS AUTORES

Ana Costa
Economista, professora do ISCTE-IUL e investigadora do DINÂMIA'CET-IUL.

Ana Raquel Matos
Socióloga, investigadora do Centro de Estudos Sociais da Universidade de Coimbra.

José Castro Caldas
Economista, investigador do Centro de Estudos Sociais da Universidade de Coimbra.

José Reis
Economista, professor da Faculdade de Economia da Universidade de Coimbra, investigador do Centro de Estudos Sociais da Universidade de Coimbra.

Laura Centemeri
Socióloga, investigadora do CNRS no Instituto Marcel Mauss (CNRS-EHESS).

Maria de Fátima Ferreiro
Socióloga, professora do ISCTE-IUL e investigadora do DINÂMIA'CET-IUL.

Ricardo Coelho
Economista, investigador júnior do Centro de Estudos Sociais da Universidade de Coimbra.

Tiago Santos Pereira
Doutorado em Estudos de Ciência e Tecnologia, investigador do Centro de Estudos Sociais da Universidade de Coimbra.

Vasco Gonçalves
Economista, professor do ISCTE-IUL e investigador do DINÂMIA'CET-IUL.

Vítor Neves
Economista, professor da Faculdade de Economia da Universidade de Coimbra, investigador do Centro de Estudos Sociais da Universidade de Coimbra.